광고 읽는 CEO

광고 읽는 CEO

한순간에 마음을 빼앗는 유혹의 기술

김동완 지음

21세기북스

이진원을 추억하며…

왜 광고를 '읽어야' 하는가?

한창 광고 실무 경험을 쌓던 때의 일이다.

사장이 부른다기에 갔더니 다짜고짜 칭찬을 늘어놓기 시작했다. 당시 우리 팀이 만들었던 광고 중 반응이 좋았던 것이 있었다. 그래서 나는 처음에 그 광고 칭찬인 줄로만 알고 '뭘 또 새삼스럽게…' 하는 심정으로 듣다가 무척 당황하였다. 사장이 칭찬하는 광고가 우리 팀 광고이긴 했으나 특별히 칭찬받을 만한 것이 아니었기 때문이다.

사연인즉 이랬다.

사장이 지방출장을 갔다가 돌아오는 비행기 안에서 그 광고주 회장과 마주치게 되었다. 회장은 사장을 일부러 부르더니 그 광고 칭찬을 하더라는 것이다. 치열한 경쟁 프레젠테이션을 통해 영입한 광고주도 아니고, 광고가 마음에 안 든다고 다른 광고회사로 갈 광고

주도 아니었기 때문에 사장도 회장이 칭찬하는 광고가 어떤 건지 솔직히 몰랐을 것이다. 어쨌든 광고주로부터 칭찬을 듣고 기분이 좋아진 사장은 회사로 돌아오자마자 그 광고를 어느 팀이 만들었는지 물었고 그래서 그 팀의 팀장이었던 내가 불려가 칭찬을 받은 셈이다. 광고주 회장은 이렇게 말했다고 한다. "집사람이 말이야, 그 광고 아주 마음에 든대."

그러고 보니, 1년에 적게는 수억 원에서 많게는 수천억 원까지 광고비를 지출하는 광고주들은 도대체 어떤 기준으로 광고를 판단할까? 앞서 이야기한 회장처럼 아내나 아들딸이 마음에 들어 하면 그것이 좋은 광고라고 믿는 유형들이 있다. 이런 '패밀리 레스토랑'형을 광고주로 모시고 있으면 광고회사 입장에서는 무척 불안하다. 대학 다니는 광고주 딸이 '아빠 회사네 광고 왜 그렇게 촌스러워?' 하는 말을 언제 할지 모르기 때문이다.

이와는 반대로 대단한 카리스마형도 있다. 이들은 스스로를 광고의 화신으로 생각하며 광고회사를 비롯한 남의 말을 절대로 듣지 않는다. 광고회사 입장에서는 몇백 억짜리 어카운트를 0.5초 사이에 얻기도 하고 빼앗기기도 한다. "아직 계약기간이 남았는데요." "필요 없어! 그냥 바꿔!" '짐이 곧 광고'인 이런 '루이14세'형과는 처음에 배짱만 잘 맞으면 의외로 잘 지낼 수도 있다.

광고책에 나오는 규칙 몇 개를 달달 외운 후 모든 결정을 여기 맞춰 내리는 사람들도 있다. "헤드라인에는 뉴스가 있어야 해." "사진이 드로잉보다 효과가 있어." "증언식 광고는 신뢰도를 높여." 초등학교 음악시간에 우리는 1도, 4도, 5도, 즉 주요3화음을 배운다. 단지 이 세 개의 코드로만 처리된 음악을 한번 상상해보자. 그리고 다른 코드를 쓰는 것을 법으로 금지한다면? 생각만 해도 숨이 막히고 가슴이 답답하다. 이들 '주요3화음'형들과 함께 일하는 것도 그렇다.

이밖에도 모든 결정을 다수결에 붙이는 '4사5입'형, 판매만 오르면 무조건 좋다는 '꿩 잡는 게 매'형, 전문가들이 알아서 하라면서 전혀 관심을 보이지 않는 'DK그룹'형 등이 존재한다.

광고인들은 숙명적으로 '을'의 입장에서 광고를 만든다. 따라서 성공한 광고에는 반드시 훌륭한 '갑'이 존재한다. 훌륭한 '갑'은 어떤 이들이었는가?

광고에 대한 전문적인 지식이 있건 없건, 미국에서 MBA를 했건 안 했건, 거의 본능적으로 시장과 소비자를 읽는 어떤 혜안, 통찰력, 직감 같은 것을 지니고 있는 최고경영자를 만날 수 있는데 나는 이들이 훌륭한 '갑'이었다고 굳게 믿는다. 그리고 이들의 이런 덕목을 한 마디로 광고에 대한 '안목'이라고 요약하고 싶다. 그러니까 광고의 성패는 최고경영자의 '유형'이 아닌 '안목'에 달려 있는 것이다.

넓게 본다면, 광고에는 반드시 그 시대의 인간과 사회의 상호작용이 반영되어 있다. 광고를 문화의 하나로 보는 것도 그래서다. 광고는 변덕스러운 소비자와 탐욕스러운 기업이 치열하고도 교묘하게 벌이는 교환의 예술이며, 광고에 대한 안목은 결국 인간과 사회의 상호작용에 대한 이해라고 할 수 있다. 그래서 비단 최고경영자가 아니더라도 우리는 광고에 대한 안목을 갖출 필요가 있다.

문학에 대한 안목을 높이기 위해서는 문학 작품을 '읽어야' 한다. 다른 모든 분야도 마찬가지다. 국어 참고서에 다섯 줄로 요약된 《죄와 벌)이 인간과 인생의 어떤 의미를 우리에게 주는가? 베토벤이 오직 한 곡의 바이올린 협주곡을 남겼다는 사실을 외우고 있는 것보다는 실제로 그 곡을 한 번이라도 들어보는 게 백배 낫다.

광고도 그렇다. 성공하는 광고는 이래야 한다(그런 게 있는지는 모르겠으나)는 요점정리도 나름대로 의미는 있겠으나, 더 중요한 것은 광고라는 현상의 본질적인 이해에 대한 접근이다. 그러기 위해서는 결국 광고를 많이 '읽는' 것 외에 방법이 없다.

이 책에는 시대 순으로 '읽을' 만한 27개의 광고가 소개되고 있다. '읽는다'는 것은 어떤 형태로든 인간의 지적 노력이 요구되는 '해석(interpretation)' 행위다. 저자가 한 마디로 요약하여 차려주는 처세서가 아닌, 독자가 스스로의 해석 행위를 통해 광고는 물론 인간과 그 인간을 둘러싼 사회 전반에 걸친 종합적인 안목과 지혜를 얻어갈 수 있는 책이었으면 하는 것이 나의 희망이다.

생각보다 시간도 힘도 많이 들었다. 이번에도 귀찮은 자료작업을 해준 박종태 씨의 변함없는 우정에 감사한다. 언제나 그렇지만 진숙, 기범, 태연에게 특별히 고마움을 전한다.

2010년 가을
김동완

소통하려면 배려하라

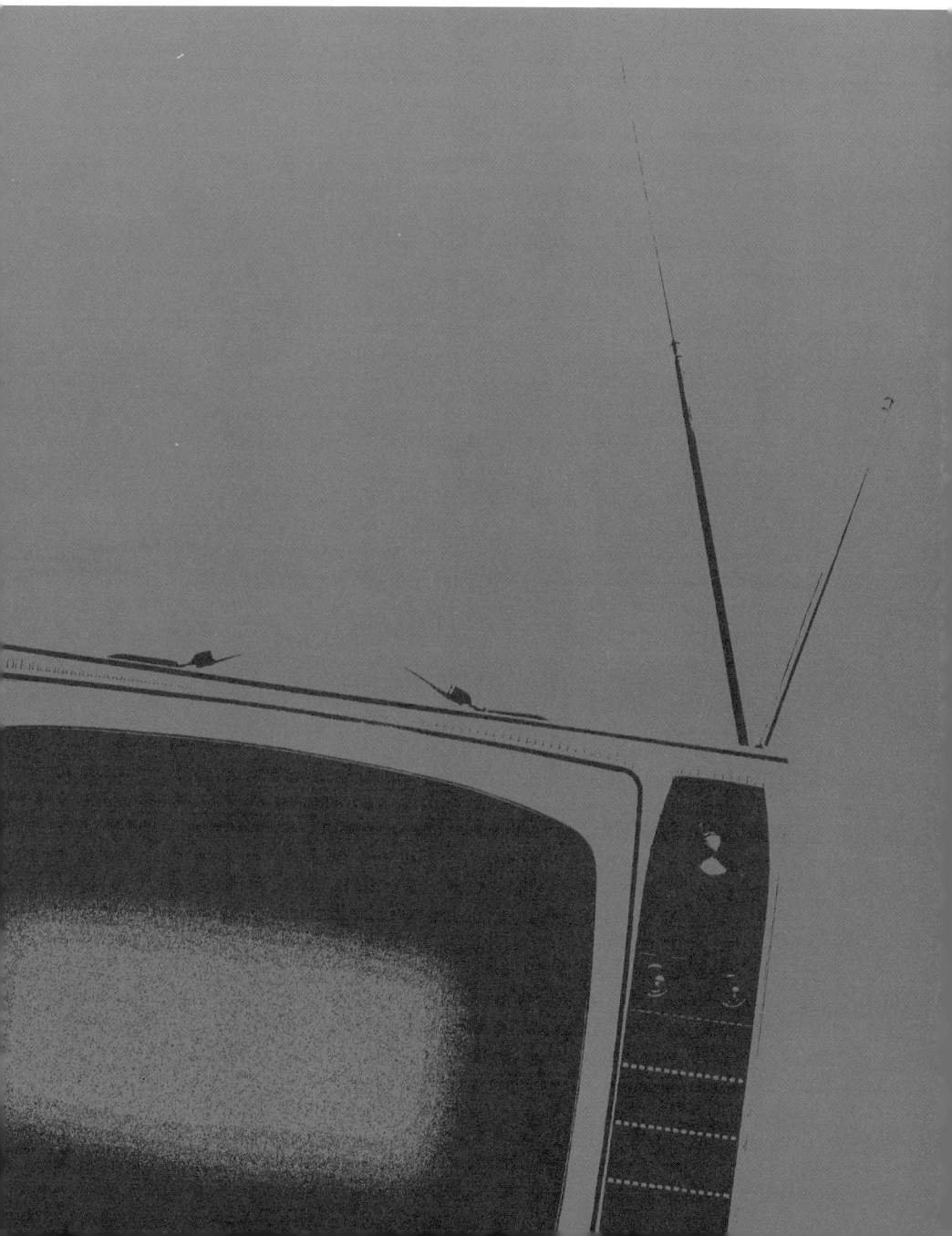

01 태초에 광고가 있었다

내가 카피라이터로서 광고계에 첫발을 들여놓았을 때만 해도 광고
에 대한 일반의 인식은 낮고도 부정적이었다. 아버지는 진지하게 이
렇게 물으셨다. "무슨 복사기 부품 같은 걸 만드는 회사냐?" 혼담이
오가던 여자의 아버지는 "간판 그리는 놈에게 우리 딸을 줄 수 없
다"며 나를 단호하게 거절했다. 때문에 나는 그 여자의 얼굴도 보지
못하고 퇴짜를 맞았다. 당시 카피라이터들은 '카피실'이라는 명패
가 붙은 방 하나에 모여 있었는데, 가끔 같은 빌딩에 입주한 다른 회
사 여직원이 "죄송한데요, 우리 사무실 복사기가 고장나서 그러는
데 이것 하나만 복사할 수 없을까요?"라고 말하며 들어오기도 했다.
　우리나라에서 제대로 된 모양을 갖춘 대부분의 광고회사는 대기
업 계열사인 '계열광고대행사(in-house agency)'다. 이들 광고회사에
는 광고와 어떤 관련도 없는 이른바 '그룹에서 물먹은' 양반들이

사장으로 부임한다. 그리고 시간이 지나면 옷을 벗거나 혹 운이 좋아 회장의 마음이 바뀌면 다른 계열사의 사장으로 금의환향하고는 했다.

내가 근무했던 광고회사들도 마찬가지였다. 처음 근무했던 회사의 사장은 술자리에서 다음과 같은 속마음을 털어놓았다. "여기로 발령받았을 땐 솔직히 '아, 이제 나도 막장으로 가는구나'라고 생각했지. 그런데 와서 보니 완전 딴판인 거야. 여러분들이 일하는 것에 비하면 다른 계열사 직원들은 그냥 놀고먹는 거야." 지독한 반공교육으로 세뇌된 사람이 북한에 가서 그곳에도 사람이 살고 있다는 사실에 경악한 것과 비슷하다고나 할까.

그 다음 근무했던 회사의 사장도 비슷한 이야기를 술자리에서 털어놓았다. "그룹에서 오라고 해서 갔더니 여기로 가라는 거야. 도대체가 내가 한 번도 들어본 적이 없는 회사라서 '이 회사도 우리 그룹 계열사입니까?'라고 물었더니 그렇다는 거야. 뭐 하는 회사인지도 정확히 모르겠고 정말 눈앞이 캄캄하더군. 그래서 광고책 몇 권 사오라고 해서 읽었지."

사농공상(士農工商)의 가치관이 은근히 뿌리 깊은 우리 사회에서 '물건 팔아먹으려는 수작'인 광고는 고상한 대접을 받을 수 없었다. "남이 나를 알아주지 않음을 걱정하지 말고 내가 남을 알아주지 못함을 걱정해야 한다." 이와 같은 공자님 가르침이 체질화된 우리나라 사람들에게 내 물건이 좋다고 내 입으로 과장해서 떠드는 행동은 분명 천하게 보였을 것이다.

그러나 광고는 판매 이전에 커뮤니케이션이다. 인간에게 텔레파시 능력이 없는 한 복잡한 사회의 다양한 정보를 정리해서 압축한 후 전달하는 광고의 기능은 결코 과소평가될 수 없다.

물고기는 셀 수 없을 정도로 엄청난 양의 알을 한 번에 낳는다. 그러나 알을 낳을 때 아무런 소리도 내지 않는다. 반면 닭은 알을 하나 낳을 때마다 무척이나 수선을 떤다. 우리는 그 소리를 듣고 닭이 알을 낳았음을 알 수 있다.

인류도 닭과 마찬가지다. 인간은 문자 발명 훨씬 이전부터 본능적으로, 혹은 어떤 필요에 의해서 끊임없이 커뮤니케이션을 해왔다. 라스코 동굴이나 알타미라 동굴의 벽화를 통해 구석기 시대 사람들이 전하고 싶어 했던 메시지는 과연 무엇이었을까?

전 세계에 뿌려진 광고의 씨앗

고대 국가가 등장하고 문자가 발명된 시기에도 글을 읽을 줄 아는 사람은 소수였다. 그래서 상인들은 자신의 가게 앞에 업종이나 상품을 표현하는 시각물을 만들어서 걸었다. 기원전 3000년 무렵, 고대 바빌론 왕국에서는 가게 앞에 서서 손님을 끌어들이고 온갖 미사여구를 늘어놓아 상품을 사게 한 뒤 주인으로부터 수수료를 받는 '여리꾼(barker)'이 왕성하게 활동했다. 왕들 또한 사원이나 건축물에 자신의 이름을 새겼는데, 이것은 오늘날 자동차경주를 후원하는 담배회사의 마케팅과 본질적으로 차이가 없다.

이집트에서는 상품 소개나 분실물 광고를 파피루스에 적어 벽에 붙였다. 이러한 전통은 고대 그리스 로마 시대에도 행해졌다. 로마 시대에는 벽보를 이용해 서커스나 검투사 시합 일정을 알리기도 했다. 폼페이 유적 중에는 창녀 집 표지도 있다고 한다.

　1450년경, 독일의 구텐베르크가 마침내 활판인쇄에 성공함으로써 인류는 커뮤니케이션 혁명을 경험하게 되었다. 광고 또한 새로운 도약을 시작했다. 런던의 인쇄업자 윌리엄 캑스턴은 1477년 자신이 인쇄한 기도서 판매를 위해 가로 5인치, 세로 3인치 크기의 광고 전단을 제작해 돌렸다. 이것이 영어로 쓰인 최초의 광고로 기록된다.

　16세기에 들어서는 신문이 등장했다. 처음에는 직업적인 집필자들이 손으로 뉴스를 써서 귀족과 고위층에게 판매했다. 얼마 지나지 않아 신문은 부정기적이지만 인쇄된 형태로 대량생산되기 시작했다. 1625년에는 영국에서 최초의 신문광고가 등장했다. 편집자들은 독자들이 기사와 광고를 혼동할까봐 친절하게도 윗부분에 '광고(advertisement)'라는 단어를 명시해놓았다.(우리나라와 일본 그리고 중국에서 사용하는 '광고廣告'라는 단어는 글자 그대로 '널리 알린다'라는 의미다. 현대 영어로 광고 일반을 지칭할 때는 advertising을 사용하며 advertisement는 광고 제작물을 뜻한다. 이는 '알린다'는 의미의 중세 영어 단어 advertisen에서 파생되었다고 한다. 한편 프랑스어의 publicité는 public에 어원을 둔다.)

　그러나 신문이 처음부터 광고를 환영한 것은 아니었다. 고상하고 지적인 신문에 약이나 책 따위의 광고를 싣는 것이 모독이라고 생각하는 이들이 많았기 때문이다. 오랫동안 광고 게재를 거부한 신문도 흔했다. 마지못해 광고를 실었던 일부 신문은 아예 광고 페이지를 따로 만들었다. 광고에 대한 이런 부정적인 시각은 오늘날에도 일정 부분 남아 있다. 그럼에도 불구하고 광고의 필요성은 점점 증가했고, 마침내 신문의 가장 중요한 수입원으로 자리 잡기에 이르렀다.

1492년 이후부터 구대륙 유럽에서 신대륙 아메리카로의 이민이 본격적으로 시작되었다. 특히 17~18세기의 영국 이민회사들은 책자나 팸플릿, 포스터 등을 동원하여 아메리카가 지상낙원이라고 과장했다. 물론 고객을 끌어들이기 위해서였다. 광고 속 아메리카는 황금과 은이 넘치고 젊음의 샘이 솟아나는 곳, 풍부한 수산자원과 비옥한 토지를 마음껏 소유할 수 있는 곳, 즐거움이 넘쳐나고 먹을 것이 도처에 널려 있으며 집과 옷이 거의 필요 없는 곳, 착하고 온순한 원주민들이 일하기를 기다리고 있으며 언제라도 기독교도가 될 준비가 되어 있는 곳이었다. 오늘날이라면 당장 법적 문제를 일으킬 내용이었으나 어쨌든 이런 광고들은 초기 이민자들을 모집하는 데 지대한 공헌을 했다.

1606년, 영국 국왕 제임스 1세의 허가로 설립된 버지니아 컴퍼니(Virginia Company)는 북미 대륙의 대서양 연안에 식민지를 개척했다. 세 차례에 걸쳐 버지니아에 도착한 약 105명의 이민자들은 제임스타운(Jamestown)을 건설했는데, 이는 미국 최초의 영국인 정착지라고 할 수 있다.

버지니아 컴퍼니가 1609년에 발행한 팸플릿의 표지는 오늘날의 해외 투자이민 유치 광고와 하나도 다를 것이 없다. "새로운 영국 버지니아 투자이민—놀라운 투자 수익률과 드높은 명예를 약속합니다."

아마 이민자들은 아메리카에 상륙하자마자 너무나도 열악한 환

"새로운 영국 버지니아 투자이민 ― 놀라운 투자 수익률과 드높은 명예를 약속합니다"
버지니아 컴퍼니

경에 경악했을 것이다. 하지만 그것은 나중의 일이었다. 수많은 사람들이 광고에서 약속한 '아메리칸드림'을 좇아 줄을 이어 이민선을 탔다. 이로써 — 엄밀한 의미에서 — 지구상에 단 하나밖에 없는 자본주의 국가인 미국이 형성되기 시작했다. 이때 현대 광고의 씨앗이 미국 시장에 뿌려졌다. 이후 미국은 적어도 1970년 무렵까지 그 누구도 넘볼 수 없는 세계 광고의 중심지로 군림하며 광고의 발전을 주도해왔다.

영국에서는 1786년, 미국에서는 1842년에 최초의 광고회사가 등장했다. 그러나 당시의 광고회사는 지금과 전혀 달랐다. 오늘날의 광고회사는 광고주를 만족시키기 위해 시장과 소비자를 조사하여 광고를 만들고, 더 효율적인 광고매체를 찾으려고 애쓴다. 이에 비해 초기 광고회사는 신문사의 광고 지면 판매상에 지나지 않았다. 즉, 신문의 광고 지면을 한꺼번에 도매로 구입해 그것을 잘게 나누어 광고주에게 소매로 팔고 그 차액을 취했다. 광고는 광고회사가 아니라 광고주가 직접 만들었다.

그러다가 광고물의 문안을 쓰는 카피라이터라는 새로운 직종이 생겨났다. 광고물의 디자인과 도안을 담당하는 '아트디렉터' 혹은 '그래픽디자이너'가 등장한 것은 훨씬 나중의 일이다. 광고회사는 점차 광고주를 위해 광고를 대신 제작해주기 시작했는데, 20세기 초가 되면서 이것이 광고의 기획, 제작, 집행을 종합적으로 처리하는 이른바 '종합광고대행사(full-service ad agency)'로 발전했다.

모든 광고는 사회와 유기적인 관계를 맺을 수밖에 없다. 광고는 사회를 반영하며 반대로 광고가 사회에 반영되기도 한다. 따라서 광고를 단순히 '물건 팔아먹으려는 수작'으로만 본다면 광고와 사회 간의 흥미로운 드라마가 읽히지 않는다. '사랑'을 '생식'과 동일시한다면 그 어떤 드라마도 감동적일 수 없을 것이다.

이제 자본주의 시장경제체제에서 살아남으려면 어떤 형태로든 소비자와 커뮤니케이션하고 관계를 맺어야 한다. 그러려면 절대 광고를 외면할 수 없다. 유비는 제갈량이 두메산골에 꼭꼭 숨어 있다는 사실을 어떤 경로를 통해서건 알았을 것이다. 만약 유비가 그 사실을 몰랐다면 삼고초려 끝에 제갈량을 맞이할 수는 없었다.

광고하지 않으면 유비는 절대로 오지 않는다.

02 _ 여자 마음은 여자가 안다

1970년대에 펩시콜라는 이른바 '펩시 첼린지(Pepsi challenge)'를 전 세계적으로 시행했다. 우리나라에서도 시행된 이 행사는 길 가는 사람들을 불러 세워 눈을 가린 다음 펩시콜라와 코카콜라를 맛보게 하는 형식으로 이루어졌다. 그리고는 더 맛있는 콜라를 고르라고 했다. 한마디로 '계급장을 떼고' 맛으로 승부해보자는 것이었다. 결과는 6:4 정도로 펩시콜라의 승리였다. 물론 펩시콜라는 이 사실을 광고로 널리 알렸다.

코카콜라는 당황했다. 더 많은 사람이 펩시콜라를 선택했으니 분명 자신들의 제품에 문제가 있다고 생각한 것이다. 위기의식에 사로잡힌 코카콜라는 펩시콜라보다 더 맛있는 콜라를 개발하기 위해 전력을 기울였다. 천문학적인 비용을 들이고, 수많은 테스트를 거친 끝에 코카콜라는 새로운 콜라를 탄생시켰다. 출시 전 20만 명을 대상으로 시행한 맛 테스트에서 이 새로운 콜라는 기존의 코카콜라와 펩시콜라를 월등히 능가했다.

1985년 4월 23일, 뉴코크(New Coke)가 시장에 등장했다. 그리고 회사는 기존의 코카콜라를 더 이상 생산하지 않겠다고 발표했다. 결과는 어땠을까? 뉴코크의 판매가 저조했던 것은 물론, 코카콜라 본사로 분노에 찬 항의 전화와 편지가 빗발쳤다. 채 3개월이 지나지 않아 회사는 항복하고 기존의 코카콜라 생산을 재개했다.

20세기 최악의 마케팅 실패 사례로 꼽히는 뉴코크 사건은 여러 각도에서 그 원인을 분석할 수 있는데, 무엇보다도 기존 고객과의 '관계'를 무시한 것이 가장 큰 죄라고 분석된다.

한 조사에 의하면 제조업체 수익의 90퍼센트는 기존 고객의 반복구매에서 생기며, 10퍼센트만이 신규 고객의 충동구매나 시험구매에 의해 발생한다고 한다. 그러니 신규 고객 한 명이 발생시키는 이익보다 놓쳐버린 고객 한 명이 일으키는 손실이 훨씬 크다. 기존 고객 한 명이 떠났다는 것은 그 사람의 평생가치(lifetime value)를 잃었다는 뜻이다. 그래서 오늘날 많은 회사들이 기존 고객과의 만족스러운 관계 형성 및 유지를 위한 관계 마케팅(relationship marketing)에 열을 올리는 것이다.

관계 마케팅은 상당히 새로운 분야인데, 이미 1880년대에 이 기법으로 크게 성공한 회사가 있었다.

사전에서 '약 팔다'라는 말을 찾아보면, "이것저것 끌어대어 이야기를 늘어놓다. 입담 좋은 말로 수다를 떨다"라고 풀이되어 있다. 물론 지금처럼 엄격한 법적 규제가 적용되기 전이긴 하지만, 제약 광고는 동서양을 막론하고 과장과 허풍, 협잡과 동일시되어 왔던 것이 사실이다. 그렇지만 제약 광고가 현대 광고의 발전에 기여한 공로는 결코 과소평가될 수 없다.

우리나라의 제약 광고 황금기는 1960년대였다. 1969년 기준 광고비 지출 상위 10개 기업은 동아제약, 한일약품, 한독약품, 유한양행, 종근당, 해태제과, 럭키화학, 영진약품, 일동제약, 한국화이자였다. 이 중에서 제약회사가 아닌 것은 겨우 2개뿐이다. 또한 당시는 광고회사가 본격적인 활동을 시작하기 전이라서 제약회사 홍보실이 광고인을 육성하는 역할을 했다.

남북전쟁 무렵부터 20세기가 시작될 때까지는 미국의 '특허 약(patent medicine)' 광고 전성기였다. 여기에서 '특허'라는 말은 단순히 상표를 등록했다는 뜻이다. 즉, 약의 성분이나 조제법 등에서 특허를 받았다는 뜻이 아니므로 오늘날의 '특허'와는 다르다.

사람들은 만병통치를 외치며 화려하게 등장한 이 특허 약들의 효능을 의심했다. 도대체 그 안에 어떤 성분이 포함되었는지도 철저하게 베일에 싸여 있었다. 제약회사에서는 주로 들도 보도 못한 이국적인 성분을 광고로 강조했는데, 대표적인 것이 뱀 기름이었다. 사전에서 '뱀 기름'을 찾아보면 '장터 같은 데서 파는 수상쩍은 만병통치약'이라고 나와 있다. 이러한 뜻풀이는 그 시절의 영향이라고 볼 수 있다.

당시 미국의 의료 상황은 매우 열악했다. 의사라는 직업의 명성과 신뢰도가 낮았고, 진료비가 너무 비싸 대부분의 사람들은 아주 위급한 경우가 아니라면 병원에 가지 않았다. 병원에서의 치료가 오히려 환자를 죽음으로 내모는 일도 허다했다. 치명적인 독성을 지 닌 염화제일수은인 감홍(甘汞)을 일반적인 치료제로 사용한 것만 보 아도 이를 짐작할 수 있다. 알 수 없는 성분과 믿기 어려운 약효에 도 불구하고 특허 약들이 팔릴 수 있었던 것은 의료 상황이 그만큼 열악했기 때문이었다.

평범한 주부를 성공한 사업가로 만든 관계 마케팅

리디아 핑컴이라는 이름을 들어본 적이 있는가? 만약 그녀의 남편 이 파산하지 않고 돈을 잘 벌었더라면, 그 이름은 오늘날까지 전해 지지 않았을 것이다.

리디아는 부유한 퀘이커 교도 집안의 12남매 중 10번째로 태어 났다. 그녀는 고향인 매사추세츠 린에서 학교를 마친 후 교사로 일 하다가 1843년에 구두 제조업을 하던 아이작 핑컴과 결혼했다. 결 혼 후 남편은 이 사업 저 사업에 손을 댔으나 어느 것 하나 신통치 가 않았다.

당시에는 집집마다 저마다의 민간 치료제를 조제하여 사용하곤 했다. 리디아 역시 예외가 아니었다. 그런데 그녀의 '약초 혼합물' 이 부인 질환에 아주 효과가 좋다는 소문이 점차 이웃들 사이에 퍼 지기 시작했다. 처음에 그녀는 이웃들에게 무상으로 약을 나누어주 곤 했다.

그러다가 리디아의 남편이 완전히 파산하는 일이 벌어졌다. 이때 부터 그녀는 돈을 받고 약을 팔기 시작했다. 남편의 빚을 탕감받는 조건으로 제조법을 가르쳐주기도 했다. 마침내 그녀는 아들들의 권

"오직 여자만이 여자의 고충을 이해할 수 있다"
리디아 핑컴 약초 혼합물

유에 따라 자신이 만든 약을 대량생산하여 전국에 팔기로 결정했다. 그리고 그녀의 마케팅적 재능을 발휘하기 시작했다.

우선 리디아는 광고에 제품이 아닌 자신의 얼굴을 커다랗게 실었다. 그리고 '오직 여자만이 여자의 고충을 이해할 수 있다'는 점을 강조했다. '여성의 건강이 민족의 희망'이기 때문에 백대하, 불규칙한 생리, 자궁 염증과 궤양, 자궁출혈, 자궁탈출 등 모든 부인 질환은 그녀의 약에 의해 즉각적이고도 간단하게 치료되어야 했다.

또한 리디아는 부인 질환뿐만 아니라, 남자들이 결코 이해할 수 없는 온갖 건강 문제로 고민하고 있는 여성들을 편지를 통해 직접 상담해주겠다고 했다. 편지를 보낸 여성들은 그녀가 직접 쓴 답장을 받을 수 있었다.

약의 판매는 급증했고, 전국에서 편지가 쇄도했다. 편지를 주고받는 행위는 리디아와 고객 사이에 일대일 관계를 형성했다. 신뢰도와 친밀감이 상승한 것은 물론이다. 뿐만 아니라 그녀의 권유대로 약을 복용했더니 효과가 있었다는 고객의 감사편지가 증언 형태로 광고에 활용됨으로써 고객층이 한층 더 넓어졌다. 즉, 리디아와 고객 사이에 '관계'가 형성되었던 것이다.

다이렉트 마케팅(direct marketing), 데이터베이스 마케팅(database marketing), 관계형성 경영(CRM, Customer Relationship Management), 인터랙티브 마케팅(interactive marketing) 등의 용어가 존재하지도 않던 시절, MBA과정을 밟지도 않은 한 주부에 의해 이 모든 일이 행해졌다는 사실은 놀랍기만 하다.

리디아 핑컴은 1883년에 세상을 떠났다. 하지만 그 후로도 그녀의 이름이 쓰인 답장이 계속해서 날아왔다. 1905년에 〈레이디스홈 저널(Ladies' Home Journal)〉은 리디아의 묘비 사진을 실었다. 그리고 그녀가 여전히 살아서 답장을 보내는 듯이 꾸미는 것은 회사의 비열한 술책이라고 비난했다. 신용카드회사 사장이나 은행장이 보낸 감사편지를 본인들이 직접 쓰지 않는다는 사실을 모르는 이가 없는 현재의 기준으로 보면, 그 당시 사람들은 참으로 순진했다.

여성의 건강 문제가 전혀 이슈가 되지 못했던 시절에 생리나 기타 부인 질환에 대한 정보를 교환하고, 그 문제를 직접적으로 다루었다는 점에서 리디아를 여성해방의 선구자로 높이 평가하는 여권론자들도 있다. 1922년 매사추세츠 세일럼에는 젊은 어머니와 아기의 건강을 보살펴주는 병원이 그녀의 이름을 따 건립되었다.

리디아 핑컴의 약초 혼합물은 지금도 존재하며 온라인으로도 손쉽게 구입할 수 있다. 약의 형태가 복용하기 간편한 알약과 시럽으로 진화했고, 제품 디자인도 현대화되었지만 한 가지만은 전혀 변하지 않았다. 바로 모든 여성들로 하여금 말 못할 고민을 털어놓게 만드는 그녀의 인자한 얼굴이 광고와 상품에 찍혀 있는 것이다.

그녀의 광고가 얼마나 잘 만들어졌으며 판매에 얼마만큼의 영향을 미쳤는지 증명할 수 있는 흥미로운 사례가 있다. 1890년, 회사 (그녀의 가족들)는 광고 예산을 대폭 줄였다. 제품이 워낙 유명해져서 굳이 광고를 하지 않아도 되겠다고 판단한 것이다. 그러자 연평균 매출이 80퍼센트나 줄어들었다. 화들짝 놀란 회사는 다시 활발한 광고 활동을 벌였고, 그 결과 10년 만에 연평균 매출이 2500퍼센트나 늘었다.

오늘날 많은 기업이 그녀의 마케팅을 모방한다. 비단 기업들만이 아니다. 거리를 걷다보면 아주머니나 할머니 얼굴을 간판에 내건 곰탕집이나 해장국집, 주인의 실명을 밝힌 복집 혹은 감자탕집 등을 어렵지 않게 볼 수 있다.

어떤 형태로든 '관계'가 맺어지지 않는다면, 아무리 훌륭한 메시지라도 갑자기 귀에 들려오는 "도를 아십니까?"처럼 거부감과 불쾌감 속에 잊혀지기 쉽다. 그리고 한 번 맺은 관계를 새로운 관계를 위해 희생하는 우를 범해서는 안 될 것이다.

03 _ 새로운 광고인가, 새로운 사기인가

'과학적'이라는 말은 여전히 위력을 발휘하며 우리의 가치관을 지배하고 있다. 누가 "낮술은 빨리 취한다"라고 주장하면, "과학적 근거가 있냐?"는 반문이 바로 되돌아온다. 공부도, 몸매 관리도, 단어 암기도 과학적으로 해야 한다. 한의학이나 전통 의학도 과학적으로 입증되지 못하면 돌팔이로 전락한다. 재판에서도 심증은 과학적 증거, 즉 물증의 상대가 되지 못한다. 19세기에 눈부시게 발전한 자연과학이 우리의 사고방식에 미친 영향은 이처럼 엄청나다.

20세기 초까지만 해도 과학은 더 이상 올라갈 데가 없을 정도로 발전했으며 그 자체로 완성되었다고 여겨졌다. 우주와 물질의 신비가 벗겨지고, 과학적으로 설명할 수 없는 자연계의 현상은 존재하지 않는다고 여겨졌다. 과학은 기술 분야뿐만 아니라 모든 분야의 새로운 스타이자 우상이 되었다.

오귀스트 콩트는 확실한 지식에 도달하기 위한 유일한 수단으로서 과학적 방법만을 신뢰하는 '실증철학'을 추구했다. 그는 모든 현상이 일관된 자연의 법칙을 따르고 있으며, 이 법칙들을 정확하게 발견하고 조직적으로 체계화해야 한다고 생각했다. 즉, 콩트는 철학을 과학에 종속시키려고 했다.

심지어 문학도 과학의 지배를 받고자 했다. 프랑스의 자연주의 소설가 에밀 졸라는 인간이 신경조직과 혈액 그리고 기질에 지배되는 생리학적 존재에 불과하며, 사랑이나 기쁨, 슬픔, 분노 같은 심리적 현상도 알고 보면 생리적 조건의 반사일 뿐이라고 주장했다. 그가 생각하는 소설가의 임무는 과학자가 실험실에서 실험을 하듯 자신이 선택한 인물들을 특정한 환경 속에 집어넣고는 그들의 인생을 관찰하는 것이었다. 그리고 그 관찰을 토대로 가설을 세우고 다시 그 가설을 확인해야 했다.

이런 시대정신의 파도는 광고에까지 몰려왔다. "광고는 궤변이나 탁상공론, 그 밖의 어떤 허무맹랑함을 위한 영역이 아니다. 장님이 장님을 인도한다는 것은 웃기는 노릇이다. 가능성이 이렇게도 많은 영역에서 이런 일이 벌어진다는 것은 슬프기까지 하다. 중력의 법칙과도 같은 불변의 법칙이 인도하지 않는다면 성공은 어쩌다 한 번일 것이며, 최고의 성공은 꿈도 꾸지 말아야 한다." '현대 광고의 아버지'로 일컬어지는 미국의 광고인, 클로드 홉킨스의 주장이다.

홉킨스는 1923년에 《과학적 광고》를 출간했다. 이 책의 제목만 보아도 알 수 있듯이 그는 기존의 광고를 '도박'이라고 매도하는 동시에 자신의 광고가 '과학'이라고 자부했다. 그리고 그가 '중력의 법칙과도 같은 불변의 법칙'으로 평생 간직한 믿음은 선배 광고인인 존 케네디가 주장한 '광고란 인쇄된 세일즈맨십(salesmanship in print)'이라는 명제였다.

홉킨스는 광고에서 미사여구를 사용하는 것을 혐오했다. 또한 판매에 초점이 맞춰지지 않은 모든 것을 불필요하다고 여겼다. "카피라이터는 자신이 세일즈맨이라는 사실을 잊고 자꾸만 배우가 되려고 한다. 그들은 제품의 판매 대신 갈채를 원한다."

그가 생각하는 카피라이터란 광고하려는 제품을 속속들이 공부한 후 소비자가 왜 그 제품을 사야 하는지, 즉 그 제품만이 지닌 구매 이유를 찾아내어 그것을 짧고 분명하며 멋 부리지 않고 소비자에게 직설적으로 말하는 이다.

소비자의 머릿속에 '최초'를 심다

홉킨스가 슐리츠(Schlitz) 맥주 광고를 맡게 되었을 당시 맥주업계의 화두는 '깨끗한(pure)'이었다. 맥주회사들은 저마다 자기네 회사에서 생산한 맥주가 깨끗하고 순수하다고 외쳤다. 맥주 광고는 '깨끗한'이라는 단어를 어떻게 하면 소비자의 눈에 더 잘 띄게 할 것인가의 싸움이었다. 심지어 두 페이지에 걸쳐 그 단어를 대문짝만하게 싣기도 했다. 슐리츠 맥주도 그런 식으로 광고를 했다. 하지만 매출은 늘지 않았고 겨우 업계 5위 정도의 자리만 차지하고 있었다.

홉킨스의 생각에 '깨끗한'이라는 단어는 너무나도 일반적이고 추상적이어서 소비자에게 그 어떤 감동도 줄 수 없을 것 같았다. 그의 표현에 따르자면 '강물이 물오리에게 주는 정도의 감동'밖에 줄 수 없었다. 그는 양조(釀造) 과학에 관한 더 많은 정보를 얻기 위해 양조학원에 다니는 등 갖가지 노력을 기울였지만 별 소득이 없었다.

결국 홉킨스는 직접 맥주 공장에 찾아갔다. 그는 유리방이라는 곳에서 파이프를 통해 맥주가 한 방울씩 떨어지는 모습을 보았다. 공장 사람들은 유리방이 정화된 공기로 채워진 냉각실이며, 냉각시킴으로써 가장 깨끗한 맥주를 얻을 수 있다고 설명했다. 아울러 그들은 필터로 어떻게 맥주를 거르는지와 혹시 있을 수 있는 오염을 막기 위해 하루에 2번씩 기계를 사용하여 펌프와 파이프를 세척하는 과정을 보여주었다. 또한 모든 맥주병이 기계에 의하여 4번이나 세척되었다.

그뿐 아니었다. 지하 4000피트에서 끌어올린 순수한 물로 만들어진 모든 맥주는 출하되기 전에 거대한 탱크에서 6개월 동안의 숙성 기간을 거쳤다. 가장 향이 좋은 효모를 얻기 위해 무려 1200번의 실험을 거치기도 했다.

공장을 둘러본 홉킨스는 이 모든 과정에 너무나도 큰 감동을 받았다. 사무실로 돌아온 그는 사람들에게 물었다. "아니, 왜 이런 사실들을 소비자에게 알리지 않는 거요? 그저 우리 맥주는 깨끗하다고만 외치는 이유가 뭐요? 깨끗함의 근거를 밝힐 생각은 해보지 않았소?"

그러자 공장 사람들은 어이없다는 표정으로 그를 쳐다보며 대답했다. "다른 회사도 다 우리하고 똑같이 하는 걸요. 맥주다운 맥주를 만들려면 원래 이렇게 해야 돼요."

그러자 홉킨스는 다음과 같이 말했다. "그러나 아직까지 그런 얘기를 한 회사는 하나도 없지 않소. 소비자들이 직접 공장에 와서 공정 과정을 본다면 모두 나처럼 크게 감동할 겁니다. 마찬가지로 이런 이야기를 광고에 싣는다면 감동할 수밖에 없을 거요.”

이렇게 해서 홉킨스의 그 유명한 ‘선점(先占, preemption)’ 논리가 탄생했다. 시장에서 각 분야의 ‘최초의 제품’은 프리미엄을 갖는다. 이때 ‘최초’라는 것은 실제의 최초와는 관계없다. 소비자에게 최초라고 인식되는 것이 중요하다. 바로 이것이 선점 논리의 핵심이다. IBM은 최초로 컴퓨터를 만든 회사가 아니다. 하지만 IBM은 최초로 소비자와 커뮤니케이션한 회사. 때문에 아직도 많은 이들이 IBM과 컴퓨터를 연관시켜 생각한다.

‘싸구려 맥주 vs. 깨끗한 맥주(Poor Beer vs. Pure Beer)’ 광고에서 슐리츠 맥주의 모든 제조 공정은 오른쪽의 깨끗한 맥주 항목에 해당된다. 물론 다른 맥주회사들도 똑같은 공정으로 맥주를 만든다. 원래부터 왼쪽의 싸구려 맥주에 해당하는 맥주회사는 존재하지 않았던 것이다.

하지만 소비자들은 오직 슐리츠 맥주만이 깨끗한 맥주를 생산한다고 믿게 되었다. 홉킨스의 광고 캠페인이 시작된 지 6개월 만에 슐리츠 맥주의 매출은 급증했다. 1위 업체와 어깨를 견줄 정도로 말이다.

이 밖에도 그는 쿠폰 활용과 무료 샘플 제공, 우편 주문 광고, 카피 테스트 등의 분야에서도 커다란 공헌을 했다. 그가 남긴 《과학적 광고》와 《My Life in Advertising (1927)》은 오늘날에도 널리 읽히고 있다.

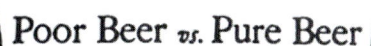

"싸구려 맥주 vs. 깨끗한 맥주"
슐리츠

그러나 모든 사람이 그의 광고 스타일에 찬성하지는 않았다. 레이먼드 루비컴 같은 광고인은 홉킨스가 평생 대중을 속였다며 혹평했다.

홉킨스의 광고를 좋아하거나 싫어하는 것은 지극히 개인적인 취향이다. 그러나 '선점 논리'만은 잊어서는 안 된다. 동물의 새끼들은 태어나서 수 초 이내에 어미를 기억하는 과정을 거친다. 이를 '각인(刻印, imprinting)'이라고 한다. 한 번 각인이 되면 새끼는 정확하게 어미를 찾아간다. 어미가 수많은 똑같이 생긴 무리들 속에 끼어 있어도 말이다. 반대로 알에서 깨어날 때 거위를 어미로 각인한 새끼 오리는 영원히 그 거위를 어미로 기억한다.

마케팅은 제품이 아닌 인식의 게임이다. 요즘 세상에 이 사실을 모르는 이는 드물 것이다. 중요한 것은 시장의 최초가 아닌 소비자 인식 상의 최초다. 슐리츠 맥주는 소비자들의 인식 속에 '깨끗한 맥주'라는 단어를 최초로 심었다. 다른 맥주는 어떤 노력을 하더라도 그 자리를 비집고 들어갈 수 없다. 거위를 어미로 기억하는 새끼 오리처럼, 소비자는 한 번 각인된 자신의 기억을 바꾸려 하지 않는다.

그래서 첫인상이 평생을 가는 것이다.

04_ 바람과 태양의 대결

카피라이터로 채용되기 전에 나는 일종의 입사 시험을 쳤다. 선배 사원이 여성 패션 브랜드를 하나 정해주고는 실제로 카피를 써보라고 했다. 그때 내가 쓴 카피에는 '미네르바 여신의 은빛 투구처럼 빛나는'이라는 표현이 있었다. 내 카피를 읽던 그 선배 사원이 한심하다는 표정으로 고개를 절레절레 흔들며 "어려워, 어려워" 하던 기억이 지금도 생생하다.

그 후 카피라이터로 일하는 동안에도 나는 윗사람들로부터 카피를 너무 어렵게 쓴다는 지적을 받곤 했다. "어려워, 어려워. 소비자들은 이런 거 이해 못해. 소비자들이 차분히 앉아서 카피를 끝까지 읽고 이해해주길 기대해선 안 돼. 그러니까 알맹이만 직접적으로, 쉽게 말하라니까."

그럴 때마다 나는 속으로 '내가 이해하고 당신이 이해하는데 어떻게 소비자들이 이해하지 못한단 말인가. 나나 당신이 바로 소비자 아닌가?'라고 반발했다. 그렇지만 카피를 다시 써야만 했다. 나중에 직급이 높아졌을 때에도 나는 '카피를 어렵게 쓰는 파'로 분류되었다.

광고로 상품을 파는 방법에는 크게 두 가지가 있다. '하드셀(hard-sell)'은 제품이 가진 특장점이나 혜택 등을 집중적으로 소비자의 머리에 주입시키는 방식이다. 반면 '소프트셀(soft-sell)'은 그 제품에 대한 호감이나 욕구가 생기도록 간접적이고 자연스럽게 분위기를 조성하는 방식을 말한다. 흔히들 말하는 '이미지 광고'가 바로 소프트셀이다.

지나가는 나그네의 옷을 누가 먼저 벗길 것인가를 두고 내기를 벌였던 바람과 태양을 생각하면 훨씬 더 이해하기가 쉬울 것이다. 힘으로 밀어붙여 강제적으로 옷을 벗기려는 바람의 방식이 하드셀, 더위에 못 이겨 나그네 스스로 옷을 벗게 만들려는 태양의 방식이 소프트셀이라고 할 수 있다.

동화에서는 태양이 내기에서 이기지만, 현실에서는 이야기가 조금 달라진다. 꼭 소프트셀의 효과가 하드셀보다 크다고 확신할 수는 없다. 오히려 미국 광고의 경우, 클로드 홉킨스를 원조로 한 하드셀이 강세를 보이며 발전해왔다. 주로 미국 광고의 영향을 받으며 형성된 우리나라 광고계에서도 하드셀이 주류다. 따라서 선배들이 내 카피를 지적한 것은 당연하다고 할 수 있다.

나중에 알고 보니 미국의 테어도어 맥매너스라는 광고인이 나와 비슷한 생각을 가지고 있었다. 1932년에 그는 "이른바 구매 근거 제시형 광고(reason-why advertising)는 모든 사람들이 바보라는 전제를 교묘하고 사이비 과학적으로 포장한 것에 불과하다. 나는 나 자신을 바보로 생각하지 않으며, 소비자들은 그런 내가 확장된 집단이다"라고 선언하면서 소비자의 지성을 인정하고 존중했다. 그러니까 클로드 홉킨스가 하드셀의 원조라면, 소프트셀의 원조 자리는 테어도어 맥매너스가 차지해야 할 것이다.

'일인자' 이미지로 자동차를 팔다

십 대 때 학교를 그만두고 여러 직업을 전전하던 맥매너스는 제너럴모터스에서 카피라이터로 일하게 되었다. 이때부터 그의 빛나는 광고들이 속속들이 탄생했다.

특히 1915년 1월 2일자 〈새터데이 이브닝 포스트(Saturday Evening Post)〉에 단 한 번 게재되었던 그의 캐딜락(Cadillac) 광고는 지금도 최고라고 여겨지고 있다. 놀랍게도 이 광고에는 캐딜락이라는 브랜드에 관한 언급조차 없다.

일인자가 치러야 할 대가

일인자는 끊임없는 대중의 감시 속에서 살 수밖에 없습니다. 인간이 활동하는 모든 영역에서 말입니다. 그 일인자가 인간이건 상품이건 간에 경쟁과 시기는 언제나 작용합니다.

예술, 문학, 음악, 산업 등에서 일인자가 받게 되는 상과 벌은 언제나 같습니다. 상은 널리 인정을 받았다는 뜻입니다. 반면 벌은 악랄한 부정과 중상모략입니다.

한 인간의 업적이 전 세계의 표준이 되면, 그것을 시기하는 소수에 의해 빈정거림의 표적이 될 수밖에 없습니다. 만약 업적이 평범한 이가 있다면 그는 쉽게 잊힐 것입니다. 하지만 그가 걸작을 완성했다면 그것은 수많은 혀들이 신랄하게 요동치는 원인을 제공합니다.

평범한 그림을 그린 화가에게 질투의 갈라진 혓바닥이 널름거리는 경우는 없습니다. 글, 그림, 희곡, 음악, 건축 등 분야에 상관없이 당신의 작품이 천재의 산물이라는 평가를 받지 못했다면 아무도 당신을 능가하거나 중상모략하기 위해 갖은 애를 쓰지는 않을 것입니다.

낙담하고 시기하는 무리들은 위대한 작품이 완성된 이후에도 오랫동안 그것이 걸작일 리 없다고 계속해서 외칩니다. 전 세계가 화가로서의 그의 천재성을 인정했음에도 불구하고 한동안 휘슬러(Whistler)를 사기꾼으로 폄하하는 악의에 찬 목소리들이 있었습니다.

수많은 사람이 바그너의 음악을 기리기 위해 베이루트에 모여든 한편, 그에 의해 아류로 밀려난 이들은 바그너의 음악은 음악도 아니라고 분노에 차서 외쳤습니다.

풀턴(Fulton)이 절대로 증기기관선을 만들 수 없을 것이라고 소수의 사람이 계속해서 우긴 한편, 다수의 사람은 강가에 모여 그의 증기기관선이 증기를 뿜으며 항해하는 것을 보고 있었습니다.

일인자는 그가 일인자라는 이유 때문에 공격받습니다. 그와 맞서려는 시도 역시 일인자의 지위를 증명하는 또 다른 증거입니다. 그와 맞서거나 그를 뛰어넘는 일이 제대로 되지 않을 때, 뒤처진 자들은 그를 평가절하하고 파괴하려고 합니다. 하지만 그러한 행동 역시 그들이 밀어내고 대신 차지하려는 일인자의 자리가 얼마나 위대한지 증명합니다.

사실 새삼스럽지도 않은 이야기입니다. 질투, 공포, 탐욕, 야망, 남보다 뛰어나려는 욕망 등이 인간 본성인 이상 세상이 만들어졌을 때부터 항상 그래왔기 때문입니다.

하지만 그런 것은 어떤 영향도 미치지 못합니다. 일인자가 진정한 지도자라면 그는 결국 일인자로 남을 것입니다.

위대한 시인이나 화가, 장인들은 혹독한 탄압을 받았으나 시대를 초월하여 굳건히 각자의 왕좌를 지키고 있습니다.

뛰어남은 그것을 흠집 내려는 아우성이 아무리 요란해도 그 자체로 알려지기 마련입니다.

살아남을 가치가 있는 것은 결국 살아남기 마련입니다.

사실 이 광고는 결점이 많은 캐딜락의 V-8 모델을 집요하게 물고 늘어지는 경쟁사 패커드(Packard)에 반격하기 위해 제작되었다. 캐딜락은 수년 동안 4기통 모델에서 소비자들의 신뢰를 받아왔는데, 이 광고에는 과거에 형성된 캐딜락에 대한 긍정적인 이미지를 상기시키고자 하는 계산이 숨어 있다. 이러한 이유로 자동차업계나 광고계의 많은 사람들은 이 광고가 유치한 데다 그럴듯하지도 못한 궤변이라고 비난했다.

그러나 대중의 반응은 뜨거웠다. 캐딜락의 판매가 급증했으며, 각 매장의 벽은 광고로 장식되었다. 세일즈맨들은 이 광고를 가지고 다니며 영업 활동을 했으며, 일반인들도 광고의 사본을 구해 책상 앞이나 집 안의 벽에 소중히 걸어두었다.

30년이 지난 1945년, 맥매너스가 만든 이 캐딜락 광고는 자동차

The
PENALTY OF LEADERSHIP

IN every field of human endeavor, he that is first must perpetually live in the white light of publicity. ¶Whether the leadership be vested in a man or in a manufactured product, emulation and envy are ever at work. ¶In art, in literature, in music, in industry, the reward and the punishment are always the same. ¶The reward is widespread recognition; the punishment, fierce denial and detraction. ¶When a man's work becomes a standard for the whole world, it also becomes a target for the shafts of the envious few. ¶If his work be merely mediocre, he will be left severely alone—if he achieve a masterpiece, it will set a million tongues a-wagging. ¶Jealousy does not protrude its forked tongue at the artist who produces a commonplace painting. ¶Whatsoever you write, or paint, or play, or sing, or build, no one will strive to surpass, or to slander you, unless your work be stamped with the seal of genius. ¶Long, long after a great work or a good work has been done, those who are disappointed or envious continue to cry out that it can not be done. ¶Spiteful little voices in the domain of art were raised against our own Whistler as a mountebank, long after the big world had acclaimed him its greatest artistic genius. ¶Multitudes flocked to Bayreuth to worship at the musical shrine of Wagner, while the little group of those whom he had dethroned and displaced argued angrily that he was no musician at all. ¶The little world continued to protest that Fulton could never build a steamboat, while the big world flocked to the river banks to see his boat steam by. ¶The leader is assailed because he is a leader, and the effort to equal him is merely added proof of that leadership. ¶Failing to equal or to excel, the follower seeks to depreciate and to destroy—but only confirms once more the superiority of that which he strives to supplant. ¶There is nothing new in this. ¶It is as old as the world and as old as the human passions—envy, fear, greed, ambition, and the desire to surpass. ¶And it all avails nothing. ¶If the leader truly leads, he remains—the leader. ¶Master-poet, master-painter, master-workman, each in his turn is assailed, and each holds his laurels through the ages. ¶That which is good or great makes itself known, no matter how loud the clamor of denial. ¶That which deserves to live--lives.

Cadillac Motor Car Co. Detroit. Mich.

"일인자가 치러야 할 대가"
캐딜락

업계 종사자들이 뽑은 최고의 자동차 광고로 선정되었다. 1998년에 광고 전문지 〈애드버타이징 에이지(Advertising Age)〉는 100대 광고를 선정했는데, 이 광고는 49위를 차지했다.

어느 날 오후에 맥매너스가 시가 연기를 뿜어대며 사무실을 왔다 갔다 하면서 중얼거린, 비서가 받아 적은 이 긴 카피가 소비자의 지갑을 연 셈이다.

우리나라에서도 1980년대에 맥매너스 풍의 기업광고가 유행했다. 이러한 현상은 스승과 제자 사이에 벌어진 일화를 담은 쌍용 그룹의 '도시락 광고' 때문이기도 했다. "오늘은 속이 불편하구나"라고 말하며 점심을 굶는 제자에게 자신의 도시락을 주고 수돗물로 빈속을 채우던 스승을 추억하는 이 광고는 큰 화제를 불러일으켰다. 광고로 인해 쌍용 그룹의 이미지가 한껏 올라간 것은 물론이다.

다른 기업들도 이런 식의 광고를 앞다투어 흉내 냈다. 잊혀져가는 우리의 미풍양속, 소홀하기 쉬운 사람과 사람 사이의 도리, 가정과 공동체에서 지켜야 할 예절 등이 광고의 단골 메뉴로 등장했다.

그러나 성공한 광고는 드물었다. 기업들은 매년 1월 1일자 일간지에 연례행사처럼 착하고 훈훈하며 교훈적인 말들을 늘어놓곤 했는데, 사실 광고 밑에 부끄러운 듯 살짝 보이는 회사 로고와 그 내용 간에 어떤 '연관성'도 찾기가 어려웠기 때문이다.

앞에 양의 머리를 걸어놓고 개고기를 판다는 '양두구육(羊頭狗肉)'은 이럴 때 사용하는 말일 것이다.

지금도 많은 기업들이 '햇볕정책'을 쓰고 있다. 그러나 '일인자가 치러야 할 대가' 광고 속에 교묘하게 숨어 있는 제품과 메시지 간의 연관성을 이해하고 이를 광고에 적용할 수 없다면 실패하기 십상이다. 걸어놓은 양의 머리가 아무리 맛있게 생겼다고 해도 소비자들이 그곳에서 양고기를 구할 수 없다면 다시는 오지 않을 것이기 때문이다.

05 '습관'은 최고의 제품이다

한때 매운 닭발과 안동 찜닭이 굉장한 인기를 끌었다. 그 유행은 얼마 가지 못하고 거짓말처럼 끝이 났다. 이처럼 반짝 인기를 끌다가 곧 사라지는 일시적 유행을 '패드(fad)'라고 한다. 반면 하나의 유행이 꾸준한 호응을 얻으며 장기간 지속될 때 그것을 '트렌드'라고 부른다. 남자가 귀를 뚫고 귀걸이를 하는 것, 여자가 비키니를 입는 것은 이제 트렌드가 되었다.

확고히 자리 잡은 트렌드는 일종의 '습관'이 된다. 하루에 세 끼 먹기, 머리 감을 때 샴푸 이용하기, 사람을 만나면 악수하기, 식후에 커피 마시기, 책상에 앉으면 컴퓨터부터 켜기 등은 처음에는 유행으로 시작되었으나 이제는 습관으로 자리 잡았다.

오래 지속될 것 같다는 이유로 새로운 트렌드에 모든 자원을 쏟아부었다가, 결국 그것이 패드에 지나지 않았음이 판명나면 기업은 쪽박을 찰 수밖에 없다. 따라서 패드와 트렌드의 구별은 기업의 생사를 결정한다. 오늘날 많은 기업이 시장 못지않게 문화를 연구하는 것도 이 때문이다.

기업에게 있어 새로운 트렌드를 형성할 새로운 제품의 개발은 그야말로 대박이다. 전혀 존재하지 않았던 새로운 시장과 수요가 생겨나기 때문이다. 1970년대 후반에 등장한 개인용 컴퓨터가 좋은 예다. 스티브 잡스가 "개인이 컴퓨터를 소유하는 시대가 올 것이다"라고 외치며 애플을 창업했을 때, 많은 사람과 기업이 코웃음을 쳤다. 그러나 그의 예언이 정확했음을 입증하는 데는 5년도 채 걸리지 않았다. 1984년을 기준으로 미국 컴퓨터 업계는 연간 30억 달러의 광고비를 지출했는데 이는 자동차와 담배 광고비를 능가하는 액수였다.

그러나 새로운 시장과 수요를 창출하는 데 반드시 새로운 발명품이 필요한 것은 아니다. 흔히 볼 수 있는 기존 제품이라도 새로운 사용법을 제시한다면 얼마든지 새로운 수요를 창출해 매출을 획기적으로 늘릴 수 있다.

내가 아는 미국인 하나는 우리나라에서 살았던 몇 년 동안 겪은 가장 인상 깊었던 일로 '가위로 고기 자르기'를 꼽았다. 불판 위에서 고기가 지글대면 어디선가 왼손에는 집게, 오른손에는 가위를 든 종업원이 나타난다. 종업원은 무표정으로, 그러나 능숙하게 고기를 집어 가위로 탁탁 자른다. 그는 그 광경을 처음 대했을 때의 감동을 평생 잊지 못할 것이라고 말했다. 칼이 아닌 가위로도 고기를 자를 수 있다는 사실을 발견한 한국인의 지혜를 그는 두고두고 칭찬했다.

그는 귀국할 때 요리용 가위를 몇 개 사가지고 비행기에 올라탔다.

나는 그의 말을 듣고서야 외국에서 가위로 고기를 자르는 모습을 본 적이 없다는 사실을 깨달았다. 아니, 과거 우리나라에서도 마찬가지였다. 그러니까 그리 오래 되지 않은 과거에 어느 누군가가 ― 우리나라의 천재 한 명이 ― 처음으로 가위의 용도에 '고기 자르기'를 추가한 것이다. 어떤 자료에도 기록되어 있지 않은 이 천재는 과연 누구일까? 고기를 구워 팔던 아줌마였을까 아니면 새로운 수요 창출을 노린 가위 만드는 회사의 직원이었을까?

매일 아침마다 오렌지 주스를 마시자

오늘날 오렌지 주스는 전혀 새로울 것이 없는 전 세계적인 음료다. 너무나도 흔한 음료라서 원시 시대부터 인류가 마셔온 것이 아닌가 하는 생각이 들 정도다. 하지만 사실은 그렇지 않다. 미국의 한 기업이 오렌지 소비를 늘리기 위해 새로운 트렌드를 형성했고, 그것이 차츰 습관으로 굳어지면서 하나의 커다란 시장이 창출된 것이다.

미국식 아침 식사에는 오렌지 주스가 빠지지 않는다. 그래서 미국인들이 상당히 오래 전부터 오렌지 주스를 마셨을 것이라고 생각하기 쉽다. 그러나 놀랍게도 미국인들이 오렌지를 주스로 마시기 시작한 것은 겨우 1916년부터였다.

1840년, 오렌지나 레몬, 자몽 같은 감귤류가 캘리포니아를 중심으로 본격적으로 생산되기 시작했다. 1848년, 캘리포니아의 금을 차지하려고 온갖 인간들이 몰려든 이른바 '골드러시'와 함께 감귤류 산업은 새로운 전성기를 맞았다. 당시에는 열악한 위생 및 영양

상태로 인해 많은 이들이 질병으로 고통을 받았는데, 특히 괴혈병이 심각했다. 곧이어 괴혈병은 비타민 C 결핍 때문에 생기며 감귤류에 비타민 C가 풍부하게 들어 있다는 지식이 퍼졌다. 그러자 레몬 하나가 1달러나 할 정도로 감귤류 가격이 폭등했다.

그렇다면 캘리포니아의 감귤류 재배업자들이 큰돈을 벌었을까? 그렇지는 못했다. 중간도매상들이 막대한 폭리를 취하는 바람에 재배업자들은 하루하루 오르는 인건비에 속을 끓이며 적자에 허덕였다. 심지어 1891년에는 중간도매상들이 담합하여, 판매 후에 팔린 만큼의 액수만을 재배업자들에게 지불하기로 결정했다. 이처럼 위험은 피해가고 이익만 챙기겠다는 유통업체의 횡포는 오늘날에도 여전하다.

1893년, 마침내 재배업자들은 자신들의 권익을 지키기 위해 일치단결하여 조합(Southern California Fruit Exchange, 몇 년 후 California Fruit Growers Exchange로 명칭 변경)을 결성했다. 그들은 생산, 유통, 판매를 자체적으로 해결함으로써 중간도매상들에게 빼앗겼던 이익을 조합원들에게 돌아갈 수 있게 했다. 목장 주인들의 조합인 우리나라의 서울우유도 비슷한 경우라고 할 수 있다.

그런데 20세기에 접어들면서 오렌지 소비가 많이 줄어들었다. 생활환경이 획기적으로 개선되어 굳이 감귤류를 먹지 않아도 비타민을 충족할 수 있게 되었기 때문이다. 1908년, 조합은 당시 미국에서 제일 잘 나가던 광고회사 로드앤토머스(Lord&Thomas)에 광고를 의뢰했다. 로드앤토머스는 우선 딱딱한 조합명 대신 조합의 생산품을 대표할 새로운 상표명을 지었다. 그것이 바로 '태양이 키스한(sun kissed)'이라는 의미에서 출발한 썬키스트(Sunkist)다.

당시만 해도 사람들은 '오렌지 껍질을 벗기고, 먹는다'는 단 한 가지 방법으로만 오렌지를 먹었다. 이러한 이유로 1916년에 '오렌지를 마시자(Drink an Orange)'라는 광고를 본 사람들은 아마 깜짝 놀랐을 것이다. 그들은 "오렌지를 마신다고?"라고 반문했을지도 모른다. 비록 직접 만들어 먹어야 했지만, 1916년은 오렌지 주스가 탄생한 위대한 해로 영원히 기억될 만하다.

1900년대 초반, 로드앤토머스에는 마침 클로드 홉킨스가 근무하고 있었다. 그는 오렌지 주스를 주제로 한 멋진 광고를 탄생시켰다.

광고에서 홉킨스는 오렌지 주스가 얼마나 맛있고 건강에 좋은지를 가장 먼저 설명했다.

당신은 과식하는 습관이 있는가? 오렌지 주스는 음식물이 잘 소화되도록 산을 분비시킨다. 수많은 의사들이 오렌지 주스를 성인뿐만 아니라 갓난아이에게도 권한다. 오렌지 주스는 인체가 필요로 하는 영양분을 포함하고 있을 뿐만 아니라 다른 음식과의 균형을 맞추어준다. 어머니와 주부들은 이 좋은 음료를 매끼마다 가족들에게 차려주어야 한다. 다른 음식들까지 맛있게 해주는 이 천연의 음료 없이 어떻게 하루라도 지낼 수 있겠는가?

보다 손쉽게 오렌지를 주스로 만들 수 있도록 특별히 고안된 '주스 추출기'는 단돈 10센트였고, 다양한 오렌지 주스 조리법이 담긴 책자는 무료였다.

"오렌지를 마시자"
썬키스트

차츰 식탁에 오렌지 주스가 올라오는 것이 일반화되면서, 즉 오렌지 주스가 새로운 트렌드가 되면서 오렌지 소비가 급증했다. 한 사람이 마실 만한 분량의 오렌지 주스를 얻기 위해서는 적어도 2개의 오렌지를 쥐어짜야 했으니 썬키스트로서는 매우 고마운 일이었다. 오늘날 오렌지 주스는 트렌드를 넘어 습관이 되었다.

그러나 홉킨스 자신은, 광고를 통해 새로운 습관을 만들거나 기존의 습관을 변화시키려는 시도를 될 수 있으면 하지 말 것을 권한다. 비용이 너무 많이 들기 때문이다. "러시아 농부들에게 면도용 비누를 팔려면, 수염을 기르는 그들의 습관부터 변화시켜야 한다. 그 비용은 실로 엄청나다." 따라서 습관을 바꾸려면 동종 업계가 힘을 합쳐야 한다고 그는 주장했다.

패드와 트렌드를 구별하는 일은 어렵다. 광고를 통해 새로운 트렌드를 형성하고, 그것을 새로운 습관으로 발전시키는 일도 어렵다. 그러나 어려운 만큼 그 부가가치는 엄청나다. 새로운 습관을 소비자들에게 심어줄 수 있는 것보다 좋은 제품이 어디 있겠는가. '습관은 제2의 천성'이기에 이제 그 제품 없이는 살아가기 힘들어지는 것이다.

수면제 없이는 잠이 들지 못하는 심한 불면증 환자가 있었다. 어느 날 밤 잠자리에 누워 있던 그는 깜빡 잠이 들려고 했다. 그러자 그는 소스라치게 놀라며 벌떡 일어났다. "이런! 약을 안 먹고 잘 뻔했구나." 그는 달려가 수면제를 먹고 다시 잠자리에 들었다고 한다.

지금도 많은 기업이 새로운 습관을 소비자들에게 심는 어려운 작업에 도전하고 있다. '여성들이여, 잠꾸러기가 되자' '금요일은 와인을 사는 날' '자기 전에 씹자' '사랑한다면 하루 3번' 등등이 그것이다. '밥하다'라는 말 대신 '쿠쿠하다'라는 말을 모두가 사용해준다면 기업의 입장에서는 고마울 수밖에 없다.

마찬가지로 아이들이 공부하는 습관만 들인다면 전 세계 모든 부모들은 정말로 행복할 것이다.

전략 없는 설득은 없다

06 '메마른 늪 속의 뱀' 전략

나는 사회생활을 하면서 내가 졸업한 고등학교 덕을 가장 많이 보았다. 이 말은 역사가 오래된 명문교를 나와서 각계각층에 포진한 수많은 동문에게 물리적 혜택을 입었다는 뜻이 아니다. 군대에서도, 사회에서도 내가 그 학교 출신이라는 사실 자체가 나에 대한 평가를 높여주었다. 한마디로 말하면 사회적으로 인정받는 더 큰 권위에 묻어갈 수 있었기에 내 실체보다 과분한 대접을 받은 것이다.

어느 늪에 뱀들이 살고 있었는데 계속된 가뭄으로 물이 말라버렸다. 늪 속의 뱀들은 다른 늪지대로 옮길 수밖에 없었다. 떼를 지어 이동하려고 할 때 작은 뱀이 나서서 큰 뱀에게 다음처럼 말했다.

"당신이 앞장서고 내가 뒤따라가면 사람들이 우리를 보통 뱀인 줄 알고 죽일지도 모릅니다. 그러니 나를 당신 등에 올려놓고 가십시오. 사람들은 내가 신의 화신인 줄 알고 두려워할 것입니다."

뱀들은 작은 뱀의 건의대로 했다. 당당히 넓은 길을 통해 이동했지만 아무도 뱀들을 건드리지 못했다. 이처럼 남의 권위에 편승하여 이익을 보는 것을 '메마른 늪 속의 뱀' 즉 '학택지사(涸澤之蛇)'라고 한다.

권위는 논리나 이성을 쉽게 압도하기 때문에 '메마른 늪 속의 뱀' 전략은 모든 분야에서 위력을 발휘한다. '선생님이 보낸 우리 고장의 일꾼' 앞에서는 그 어떤 후보도 추풍낙엽이다. '공자 왈…' 또는 '아리스토텔레스에 의하면…'이라고 운을 떼면 적극적으로 시비를 걸기 어렵다. 이는 광고 분야에서도 마찬가지다.

하인리히 슈타인베크라는 이름의 독일인으로 태어나 미국으로 이민을 가서 헨리 스타인웨이가 된 사람이 있다. 1853년, 그는 뉴욕에 피아노회사를 설립하고 피아노를 생산하기 시작했다. 오늘날 스타인웨이(Steinway)는 세계 최고의 명품으로 인정받고 있다. 전 세계 콘서트의 90퍼센트 이상에서 이 피아노가 사용되고 있다는 통계가 그 사실을 입증한다.

이렇게 된 데는 무엇보다도 완벽한 품질을 향한 창업자의 고집이 큰 몫을 했다. 세계 최고의 피아노를 만들기 위해 품질에 관한 한 어떤 타협도 하지 않으며, 비용 절감이 아니라 품질이 기준이 되어야 하며, 항상 더 나은 피아노를 만들기 위해 연구해야 한다는 스타인웨이의 주장은 스타인웨이의 정신이 되었다. 오늘날 스타인웨이는 125개 이상의 특허를 보유하고 있다.

그러나 장인 정신이나 품질 면에서 스타인웨이에 결코 뒤지지 않는 피아노도 많다. 얼른 떠오르는 피아노 브랜드만 해도 베흐슈타인(Bechstein), 뵈젠도르퍼(Bösendorfer), 쉼멜(Schimmel), 볼드윈(Baldwin) 등이 있다. 일본이 자랑하는 야마하(Yamaha)와 카와이(Kawai) 그리고 우리나라의 영창도 있다.

스타인웨이의 마케팅 전략이 품질 이상으로 훌륭했다. 창립 초기부터 스타인웨이는 당시 '살아 있는 전설'이 된 유명한 피아니스트나 음악가들의 보증을 얻어내는 데 주력했다. 베를리오즈, 리스트, 바그너, 라흐마니노프, 파데레프스키, 루빈슈타인 등이 스타인웨이를 인정했다. 스타인웨이는 미국에 와서 연주하는 유럽이나 러시아 피아니스트들에게 피아노를 제공했다.

시간이 지나자 스타인웨이만 고집하는 연주자들이 늘어났다. 그것이 그 어떤 광고보다도 강력하게 스타인웨이의 이미지를 강화시켰다. 그러나 때로는 너무나 집요하고 강압적인 스타인웨이의 태도에 거부감을 보이는 피아니스트가 없지는 않았다.

오스트리아 출신 피아니스트 슈나벨은 오랫동안 베흐슈타인을 연주했다. 그가 미국에서 연주회를 열었을 때의 일이다. 스타인웨이는 슈나벨이 유럽에서도 베흐슈타인이 아닌 스타인웨이만 사용해야 피아노를 제공하겠다고 했다. 불쾌해진 슈나벨은 1923년부터 1930년까지 미국을 방문하지 않았다.

1933년, 마침내 스타인웨이가 백기를 들었다. 다른 곳에서 베흐슈타인을 치더라도 연주회에 피아노를 제공하겠다고 한 것이다. 덕분에 슈나벨은 1933년부터 매년 미국에서 연주회를 열 수 있었다. 모든 스포츠 스타를 손아귀에 넣으려는 나이키의 마케팅 전략이 생각나는 대목이다.

클로드 홉킨스를 싫어했다고 3장에 소개되었던 레이먼드 루비컴은 15세 때 학업을 그만두고 여러 직업을 전전하다가 당시 신생 산업이던 광고 쪽에 흥미를 느꼈다. 그는 나름대로 담배 광고를 만들어서 전혀 알지 못했던, 전화번호부에서 그저 눈에 띈 윌리스암스트롱(F. Wallis Armstrong)이라는 광고회사에 보냈다. 그리고 루비컴은 윌리스 암스트롱으로부터 찾아오라는 연락을 받았다.

그러나 9일 동안이나 매일 회사 로비를 찾아가 기다렸는데도 사장인 암스트롱은 그를 만나주지 않았다. 화가 난 루비컴은 집으로 돌아가 분노와 부정적인 말로 가득 찬 편지를 써 사장에게 보냈다. 결국 루비컴은 암스트롱을 만났고, 그의 회사에 카피라이터로 채용되었다. "솔직히 자네가 보낸 광고는 별 볼 일 없었어. 그렇지만 이 편지에는 뭔가가 있어."

그래서였는지는 모르겠지만, 루비컴은 물건을 팔려면 우선 읽혀야 된다고 두고두고 말했다. 그는 '판매에 성공했을 뿐만 아니라 광고주나 소비자에 의해 오랫동안 걸작으로 기억되는 것'이 좋은 광고라고 믿었다.

거장의 어깨 위에 올라탄 스타인웨이

1919년, 루비컴은 당시 미국에서 가장 큰 광고회사인 에이어(N. W. Ayer)로 옮겼다. 그리고 스타인웨이 광고를 만들었다.

본격적인 작업에 들어가기에 앞서 루비컴은 스타인웨이에 대한 자료를 훑어보았다. 그 결과 바그너 이후의 거의 모든 위대한 작곡가와 피아니스트가 스타인웨이를 사용했다는 사실을 알게 되었다.

그런데 놀랍게도, 그때까지 어느 광고도 이런 사실을 이야기하고 있지 않았다. 그저 잘 꾸며진 거실에서 역시 잘 꾸민 부인이 피아노를 치고 있는 그런 광고 일색이었던 것이다.

루비컴의 머릿속에는 "전설적인 음악가들이 사용한 피아노, 지금도 신화가 되어 살아 있는 최고들이 연주해온 악기, 때가 되면 죽어 사라지는 예쁜 거실의 아름다운 여인네들의 악기가 아닌 '불멸(immortal)'들을 위한 명기 — '불멸의 악기(The Instrument of the Immortals)'"라는 헤드라인이 거의 순간적으로 떠올랐다. 그는 스타인웨이의 권위를 더욱더 강조하기 위해 쏟아지는 광선을 정면으로 받고 있는 늙은 피아니스트(리스트를 무척 닮았지만 실제로는 모델)를 보여주었다.

불멸의 악기

음악의 역사에서 최고의 피아노는 오직 하나만 존재해왔습니다. 스타인웨이의 탁월함은 리스트와 바그너, 루빈슈타인과 베를리오즈 시대에도 오늘날과 마찬가지로 의문의 여지가 없었습니다. 위대한 음악이 이해되고 존중되는 그 어떤 곳에서라도, 거장들의 필연적인 선택을 받으며 스타인웨이는 그때나 지금이나 존재하고 있는 것입니다.

이 광고는 스타인웨이의 권위를 한층 더 올려주었으며 루비컴의 '불멸의 광고'로 지금까지 기억되고 있다.

1903년에 10만 번째로 생산된 스타인웨이 그랜드피아노가 백악관에 기증되었는데, 1938년 30만 번째 피아노로 대체되어 지금까

"불멸의 악기"
스타인웨이

지 자리를 지키고 있다. 1987년에는 50만 번째 피아노가 생산되었다. 전 세계 800명이 넘는 음악가들이 이 피아노에 사인했는데, 호로비츠와 엘튼 존도 여기에 포함된다.

그런데 스타인웨이를 강력하게 위협하는 도전자가 홀연히 나타났다. 이탈리아의 파지올리(Fazioli)라는 피아노다. 놀랍게도 이 피아노의 역사는 30년도 채 되지 않는다. 피아니스트이자 기계공학자인 파올로 파지올리가 세계 최고의 피아노를 만들겠다고 관련 기술자들과 피아니스트들을 모아 팀을 결성한 것이 1978년, 정식 회사가 설립된 것은 1981년이 되어서였다.

파지올리는 철저한 수제 작업으로 공정이 이루어지기 때문에 생산량이 무척 제한적이다. 이것이 스타인웨이만큼 파지올리가 눈에 잘 띄지 않는 이유다.

아주 역설적이게도, 파지올리는 스타인웨이의 마케팅을 그대로 따라하고 있다. 세계적인 피아니스트들이 점차 파지올리에 빠지고 있으며, 심지어 안젤라 휴이트처럼 파지올리가 아니면 연주하지 않겠다는 피아니스트들도 등장했다. 파지올리의 권위는 점점 스타인웨이를 위협하고 있다. 우리나라에 파지올리가 처음 들어온 것도 러시아 피아니스트 베레조프스키의 내한 공연 때문이었다.

올라탈 것이 있다면 눈치를 보지 말고 올라타야 한다. 스스로의 힘으로 전부 할 수 있다고 믿는 것은 큰 오산이자 오만이다.

뉴턴 같은 대학자도 이렇게 말하지 않았던가.

"내가 남들보다 멀리 내다볼 수 있었다면, 그건 단지 내가 거인의 어깨 위에 올라탈 수 있었기 때문이다."

07   '후랍빠'와 '어린 왕자'

벌써 꽤 지난 일이기는 하지만 한 이동통신사 광고가 큰 화제를 불러일으킨 적이 있다. 결코 행복해 보이지 않는 시무룩한 표정의 한 소녀가 물속에 들어가고, 사과를 한입 베어 무는가 하면, 도열한 토용(土俑) 병사들 사이를 배회한다. 거대한 짐승들의 잔해가 나뒹구는 바닷가에서 소녀는 암모나이트 껍질에 귀를 대고 무엇인가를 들으려고 한다.

날카로운 금속성 소리를 내며 화살이 날고, 유리가 깨지고, 죽어가는 물고기가 있는가 하면 공중을 나는 물고기도 보인다. 밑도 끝도 없이 등장하는 '너 행복하니?'는 도대체 무슨 의도를 가진 메시지인지 알 수 없다. 그리고 아까운 토마토를 왜 집어던지고 얼굴에 바르고 그 난리를 치는지 사람들은 이해하지 못했다.

해석이 필요한 광고가 등장하다

TTL 광고는 특히 전통적인 광고 문법에 익숙한 많은 광고인을 혼란 속으로 몰아넣었다. 전문가로서 체면을 차리려면 어떤 식으로든 해석을 해야 했기에 학자들은 '잠재의식' '억압된 욕망' '상징' 등을 동원하여 나름대로의 논리를 펼쳤다. 내가 존경하는 원로 광고인 한 분은 "저건 광고도 아니야. 저 광고가 성공하면 내 손에 장을 지진다"라고 공개 석상에서 공언했다가 나중에 아주 난감해했다. 이 광고가 크게 성공했기 때문이다.

그런데 잘 살펴보면, 이런 광고가 날이 갈수록 점점 늘어나고 있다. 한때의 해프닝으로 끝난 것이 아니라는 말이다. 많은 사람이 "요즘 광고는 도무지 뭘 말하려고 하는지 알 수가 없어"라며 어리둥절해한다. 심지어 광고하려는 제품이 무엇인지조차 파악이 되지 않는 경우도 있다. 젊은이들이 광고를 보고 깔깔대는데 그 옆에서 전혀 이해가 되지 않아 어색한 표정을 짓고 있는 어른들을 우리는 매일 보고 있다.

도대체 이런 광고의 정체는 무엇일까? 새로운 광고의 탄생인가? 우리가 알았던 광고에 대한 상식들은 잘못된 것이었나? 광고 이론을 다시 정립하고 기존의 것들을 버려야 한단 말인가?

내가 어렸을 때 어른들은 '후랍빠'란 단어를 무척 많이 사용했다. "아무개 집 딸 순전히 후랍빠더라"라든가 "아무개 집 며느리 학교 다닐 때 후랍빠였대"라는 식으로 사용되었는데, 한마디로 '신세대 여성'을 뜻하는 단어였다. 후랍빠는 '좀 놀았다, 고분고분하지 않다, 왈가닥이다'라는 뉘앙스를 주었다.

나는 오랫동안 후랍빠라는 단어가 일본에서 유래된 줄 알았다. 하지만 알고 보니 후랍빠는 미국에서 나온 말이었다. 미국에서는 1910년대부터 여권이 크게 신장되었다. 무엇보다도 미국의 제1차 세계대전 참전이 계기가 되었다. 유럽의 전장으로 떠난 남자들의 빈자리를 여성들이 채우면서 전통적인 여성상이 변화하기 시작한 것이다.

마침내 여성의 투표권이 인정된 1920년 이후, 과거에는 상상도 할 수 없었던 새로운 유형의 여자들이 나타났다. 짧은 스커트를 입고, 머리를 단발로 자르고, 재즈를 듣고, 담배를 피우고, 술을 마시며, 자동차를 운전하고, 기존의 가치관을 조롱하며 프리섹스를 주장하는 이들의 등장은 당시 미국 사회에 충격과 우려를 불러일으키기에 충분했다.

1920년대 미국에서는 이런 여자들을 '플래퍼(flapper)'라고 불렀다. 아직 제대로 하늘을 날지 못하는 어린 새가 날개를 퍼덕거린다는 것이 플래퍼의 사전적 의미인데, 영국에서는 어린 창녀나 사교계에 입문하지 않은 십 대 여자들을 지칭하는 구어로도 사용된다. 결코 좋은 의미의 단어는 아니었던 것 같다.

어쨌든 1920년대 미국의 플래퍼가 일본식 발음인 후랍빠가 되어 일제강점기의 암울한 한반도에까지 소개된 것이다.

어린 왕자처럼 소비자를 길들이다

눈살을 찌푸리고 혀를 끌끌 차며 에이즈 환자를 보듯 플래퍼들을 대하던 1927년, 한 주방용 수세미 제조업체가 과감하게 이들을 두둔

하는 광고를 실었다. 광고에서는 머리를 짧게 자른 한 플래퍼가 약혼자 앞에서 고개를 빳빳하게 쳐들고 이렇게 외친다.

당신은 내가 플래퍼라고 생각하지만 나도 살림 잘할 수 있어

결혼만 해봐. 당신 어머니보다 내가 더 잘할 걸. 그러나 난 노예처럼 일하지는 않을 거야. 그저 남자들이란! 당신들은 죽어라 일만 하는 게 살림이라고 생각한다니까.

현대 여성들에게 그들의 속마음을 솔직하게 털어놓도록 합시다. 물론 그녀들은 놀라울 정도로 솔직해서 우리를 당황하게 만들기도 하지요. 그러나 그녀들은 대부분 능력 있고, 시간을 절약하는 새로운 살림법을 배우고자 하는 열망에 가득 차 있어요. 거기에서 절약한 시간을 레저에 사용하고자 하는 거지요.

이것이 바로 SOS 수세미가 젊은 여성들에게 그토록 인기 있는 이유입니다. 쉽고 빠르게 닦이거든요. 잘 닦여지지 않는 알루미늄 식기까지도 SOS 수세미는 거의 순식간에 반짝반짝 윤이 나게 새것처럼 닦아 줍니다. 야채 얼룩, 눌러붙은 음식물 찌꺼기, 검댕이도 SOS 수세미라면 걱정이 없어요.

별도의 행주나 세제도 필요 없습니다. 그저 SOS 수세미로 한 번 문지르기만 하면 식기는 깨끗하게 윤이 나지요. 다른 어떤 수세미도 SOS 수세미를 흉내 낼 수 없어요. 아래 쿠폰을 보내시고 여러분 스스로 확인해 보시기 바랍니다.

"당신은 내가 플래퍼라고 생각하지만
나도 살림 잘할 수 있어"
SOS 수세미

이 광고에는 다음과 같은 메시지가 포함되어 있다. "왜 사람들이 플래퍼를 부정적인 시각으로 보는지 모르겠다. 알고 보면 그들이 훨씬 현명하고 살림도 더 잘한다. 우리 SOS 수세미는 플래퍼, 당신들 편이다." 날 알아주는 사람을 위해 목숨도 바친다는데 날 알아주는 회사를 위해 수세미 하나 못 사겠는가. 이 광고의 성공은 당연한 것이었다.

나는 학생들에게 광고를 가르칠 때 프랑스의 소설가 생텍쥐페리의 유명한 《어린 왕자》 중 제21장을 매우 중요하게 다룬다. 바로 어린 왕자와 여우가 처음 만나는 그 장이다.

불행한 어린 왕자는 여우에게 함께 놀자고 청한다. 그러나 여우는 거절한다. 어린 왕자가 그 이유를 묻자 여우는 '자신이 아직 길들여지지 않았기 때문'이라고 대답한다. 어린 왕자가 '길들이다(프랑스어로 apprivoiser, 영역본에는 tame으로 번역되어 있다)'의 의미를 묻자 여우는 이렇게 설명한다.

"길들인다는 것은 관계를 맺는다는 뜻이야. 너는 아직 나에게는 비슷비슷하게 생긴 수많은 아이들 중의 하나일 뿐이야. 그래서 나는 특별히 네가 필요하지 않아. 마찬가지로 너도 나를 필요로 하지 않지. 너에게 나 역시 비슷비슷하게 생긴 수많은 여우들 중 하나일 뿐이니까. 하지만 만약 네가 나를 길들인다면, 그때는 우리가 서로를 필요로 하게 될 거야. 나에게 너는 이 세상에서 가장 특별한 아이가 되는 거고, 너에게 나는 이 세상에서 가장 특별한 여우가 되는 거란다."

한 연구에 의하면, 우리는 하루에 많게는 3000개의 광고 메시지에 노출된다고 한다. 뉴미디어가 일상화됨에 따라 앞으로 이 숫자는 늘면 늘었지 줄지는 않을 것이다. 그리고 보통의 경우 소비자와 그 3000개의 광고는 아직 '길들여지지' 않았다. "아직 너는 비슷비슷하게 생긴 3000개의 광고들 중의 하나일 뿐이야, 그래서 나는 특별히 네가 필요하지 않아…"라는 패러디가 그럴 듯하게 들리지 않는가.

이런 상황에서 제품이나 서비스의 메시지가 들리게 하는 방법은 남보다 크게 혹은 자주 말하는 것이다. 또는 남들과는 다른 방법으로 시선을 붙잡아야 한다. 유머와 섹스, 충격을 섞기도 한다. 이것이 전통적인 방법이었다.

요즘 우리가 흔히 볼 수 있는 또 다른 방법은 소비자와 '관계를 맺는 것'이다. 즉, 친구가 되라는 뜻이다. 그러기 위해서는 여우의 말대로 우선 서로 '길들여져야' 한다. 이때 중요한 것은 제품의 정보가 아니라 "우리 회사는(브랜드는) 너를 이해하며 사랑하고, 너와 친구로 사귀고 싶다"는 몸짓이다. 경우에 따라서는 제품 정보를 아예 빼먹어도 좋다.

여우는 사람들의 발자국 소리가 들리면 굴속으로 숨는다. 그러나 '길들여진' 어린 왕자가 다가오는 소리가 나면 반가워하며 밖으로 뛰어나온다. 바람에 나부끼는 황금빛 보리밭을 보면 역시 황금빛 머리털의 어린 왕자가 생각난다. 밤하늘에 빛나는 무수한 별들 중의 하나가, 변덕스러운 장미를 달래고 자그마한 화산의 분화구를 청소하는 어린 왕자가 사는 특별한 별이 된다.

"우리는 서로를 필요로 해. 나에게 너는 그렇고 그런 비슷한 상품들 중 하나가 아니라 이 세상에 하나밖에 없는 특별한 브랜드이고, 너에게 나는 익명의 집단이 아니라 이 세상에 하나밖에 없는 특별한 친구가 되는 거란다…." 이러한 패러디와 SOS 수세미 광고를 이해한다면 말 많았던 TTL 광고를 이해 못할 리 없다.

제품 간의 경쟁이 치열해지면서 물리적 성능이나 가격 차이가 점점 줄어들고 광고량이 폭발적으로 증가하고 있는 현대의 시장에서 이런 '길들이기' 광고는 늘어날 수밖에 없다. 누구라도 3000개의 광고 중 — 시끄러운 광고보다는 — 자신을 가장 잘 이해하는(혹은 이해할 것 같은) 광고를 선택할 것이 분명하기 때문이다.

08 _ 어려운 때일수록 웃음은 빛난다

위트가 넘치는 시의적절한 유머의 위력을 부정할 사람은 없다. 오랫동안 웃음을 점잖지 못한 것으로 여겨온 우리 사회에서도 이제는 유머 있는 사람이 인기다. 각종 연설에서 유머는 필수이며, 교수들도 수업에서 써먹을 유머를 열심히 찾고 있다.

TV에서 어느 코미디언이 "정말로 쓰라린 생활을 해보지 못한 사람은 남을 웃길 수 없다"는 말을 하는 걸 들은 적이 있다. 맞는 말인지는 모르겠지만, 행복하고 편안한 상황에서보다는 괴롭고 힘든 때의 유머가 훨씬 돋보이는 것만은 사실이다. 가장 견디기 힘든 극한 상황인 자신의 죽음 앞에서도 유머를 보여준 사람들을 보면 인간에 대한 경외심마저 든다.

아테네 청년들을 선동했다는 죄로 사형을 선고받은 소크라테스는 친구들이 슬퍼하며 바라보는 가운데 독배를 한 잔 마셨다. 말을 많이 하면 독약이 잘 듣지 않는데, 평소와 다름없이 친구들과 열띤 토론을 했던 소크라테스인지라 친구들은 그가 독약을 두세 번 더 마셔야 될까봐 걱정했다.

소크라테스는 독 기운이 빨리 몸에 퍼지도록 감방 안을 걸었다. 이윽고 몸이 무거워지자 그는 자리에 누워 친구 크리톤에게 말했다. "여보게, 크리톤. 아스클레피오스 신에게 닭 한 마리를 빚졌네. 자네가 대신 갚아주게." 소크라테스는 이 말을 남기고 눈을 감았다. 당시에는 병이 들었다가 나으면 의술의 신 아스클레피오스 신전에 닭 한 마리를 제물로 바치는 관습이 있었다. 소크라테스가 마지막으로 한 말에는 한 잔만 마셨는데도 효과가 충분해 고통스럽게 더 마시지 않고도 죽게 되었으니 고맙다는 유머가 내포되어 있다.

프랑스혁명의 시대에 자코뱅의 지도자였던 당통은 로베스피에르에 의해 숙청되어 기요틴에 머리를 잘렸다. 사형되기 직전, 그는 집행인에게 다음과 같이 말했다. "시민들에게 내 머리를 보여주시오. 그럴 만한 가치가 있는 머리니까." 버나드 쇼가 생전에 써놓았던 자신의 묘비명은 '우물쭈물하다 내 이럴 줄 알았지'다.

가난하고 불행해지지 않으려면 우리 제품을 써라

1929년 10월, 주식시장이 붕괴되자 미국은 역사상 최악의 경제대공황을 겪게 되었다. 제1차 세계대전의 승전국으로서 누리던 10여 년 동안의 호황은 흔적도 찾아볼 수 없었다. 1929~1933년에 주식 가치는 870억 달러에서 180억 달러로 폭락했다. 50만 명이 채 되지 않았던 실업자의 수는 1500만 명으로 급증했다.

1929년 기준으로 미국의 보통 가정에서 최소한의 생활필수품을 구입하려면 일 년에 적어도 2000달러가 필요했다. 그러나 경제대공황 기간 내내 미국 가구의 40퍼센트는 일 년에 1000달러도 되지 않는 수입으로 가계를 꾸려야만 했다.

오늘날도 마찬가지이지만, 광고는 경기 변동에 가장 민감한 분야다. 1929년 34억 달러였던 총 광고비는 1933년 13억 달러로 무려 70퍼센트나 줄었다. 문을 닫지 않은 광고회사들은 살아남기 위해 발버둥을 쳤다. 인원을 감축하고 무급 휴가를 권장했으며, 아주 낮은 수수료를 받거나 수수료의 일부를 돌려준다는 조건으로 다른 광고회사의 광고주들을 무차별적으로 공략했다.

실패하면 아무런 보상도 없는 경쟁 프레젠테이션, 당연한 듯이 무상 서비스를 요구하는 광고주들, 리베이트를 명시한 이면계약 등 현대의 '못된' 관행들이 다 그 시대의 유물이다.

불황기의 소비자들은 가격에 민감할 수밖에 없다. 당연히 광고도 "우리 제품을 선택하면 이만큼 돈을 절약할 수 있다"는 '가격소구'에 주로 초점이 맞춰졌다. 한 치약 광고에서는 가장이 아이의 새 구두를 사서 집으로 돌아온다. 아이와 엄마는 깜짝 놀라면서도 무척 기뻐한다. "너 새 구두가 필요하다고 했지? 아빠가 3달러를 모아서 새 구두를 사왔단다." 이 광고의 논리는 다음과 같다. 다른 치약은 50센트인데 이 제품은 25센트다. 그러니까 이 치약 하나를 살 때마다 25센트를 절약하게 되는 셈이다. 일 년 동안 꾸준히 이 치약을 구매하면 3달러 정도 절약할 수 있다. 참으로 슬프고도 우스꽝스런 계산이다.

1930년대 초반은 '공포소구' 광고의 전성기이기도 했다. 어떤 제품을 구입해서 사용하지 않으면 불행하고도 끔찍스런 사태가 벌어질 수 있다는, 한마디로 '겁을 주는' 광고가 유행한 것이다. 위생적인 우리 화장지가 아닌 싸구려 화장지를 사용하면 세균에 감염되어 중병에 걸릴 수도 있다. 이 치약을 진작 사용했더라면 아름다운 그녀의 이빨이 그렇게 흉측하게 망가지지는 않았을 것이다. 얼굴에 온통 붕대를 칭칭 감고 병원에 누워 있는 남자는 광고에 나오는 애프터셰이브 로션을 사용하지 않아서 얼굴이 망가졌다.

자식에 대한 어머니의 죄책감도 단골 메뉴로 등장했다. "저 집 애는 왜 저렇게 비쩍 곯았어?" 하고 동네 부인네들이 뒤에서 수군거린다. 광고에 나오는 우유를 아이에게 먹이지 않았기 때문이다. 다른 학생들은 다 집으로 돌아갔는데 영 수업을 따라오지 못하는 시원찮은 학생 한 명이 남아 선생님에게 보충수업을 받고 있다. 광고에 나오는 시리얼을 먹이지 않았기 때문이다.

광고에서 유머는 약이자 독이다

역설적이게도 이렇게 살벌하고 절박하며 암울했던 경제대공황 시기에 보는 사람으로 하여금 미소를 짓게 하는 한 유머 광고 캠페인이 굉장한 성공을 거뒀다. 조지 그리빈이 카피를 쓰고, 1936년부터 나온 애로우(Arrow) 셔츠 광고가 그것이다.

셔츠는 세탁하다 보면 줄어든다. 그러면 셔츠의 깃이 점점 목을 조이게 된다. 애로우 셔츠는 줄임 방지 특수 처리를 했다. 그래서 애로우 셔츠는 목이 편안하다. 광고는 이 점을 알리려고 했다.

내 친구 조 홈스가 말이 되었습니다

조는 언제나 자기가 죽으면 말이 되고 싶다고 했습니다.

어느 날 조가 죽었습니다.

올 5월 이른 아침에 나는 우유마차를 끄는 말 한 마리를 보았습니다. 그 말은 조하고 무척 닮아 있었습니다.

나는 그 말에게 가만히 다가가 속삭였죠.

"너 조 맞지?"

말이 대답했습니다.

"그래, 그리고 난 행복해."

"왜?"

내가 물었습니다.

"난 지금 내 생애 처음으로 편안한 깃을 달고 있거든. 내 셔츠 깃은 언제나 줄어들어서 내 목을 꽉 조이곤 했어. 숨을 쉴 수도 없을 정도였지. 사실 내가 죽은 것도 그 때문이야!"

그가 말했습니다.

"이런, 조! 왜 그 이야기를 진작 나한테 하지 않았어. 애로우 셔츠를 알려줄 수 있었을 텐데. 애로우 셔츠는 절대로 줄어들지 않아. 옥스퍼드 셔츠조차 말이야."

나는 외쳤습니다.

"젠장, 옥스퍼드 셔츠야말로 최악이지!"

조가 말했습니다.

"그럴지도 몰라. 그러나 애로우의 옥스퍼드 셔츠인 고든은 그렇지 않다는 걸 나는 알아. 내가 지금 그걸 입고 있거든. 줄임 방지 특수 처리가 되어 있어. 게다가 디자인도 죽이지. 내가 고른 이 셔츠는 새로 나온 대나무 컬러라네."

내가 대답했습니다.

"멋지군. 내 주인은 그런 셔츠가 필요해. 고든 셔츠에 대해 말해줘야겠어. 그러면 아마 주인이 귀리 한 통쯤 더 줄지도 몰라. 아, 난 정말 귀리가 너무 좋거든!"

조는 이렇게 말했습니다.

나중에 영앤루비컴(Young&Rubicam)의 회장 자리에까지 오른 조지 그리빈은 격조 있는 글쓰기와 품위 있는 지성의 힘을 믿은 광고인이었다. 또한 그는 소비자와의 공감을 강조했다. 그는 유머를 즐겨 사용했지만 결코 광고하는 제품을 싸구려로 만들지 않았다. "글 잘 쓰는 사람을 비즈니스맨으로 만들 수는 있지만, 비즈니스맨을 글 잘 쓰는 사람으로 만들 수는 없다."

오늘날에는 전 세계적으로 유머 광고가 대세다. 유머 광고가 아니라면 세계적인 광고제에서의 수상은 꿈도 꿀 수 없다. 확실히 유머는 공포나 분노에 비해 긍정적이며 언어를 초월한다는 장점이 있다. 그러나 나라와 민족, 문화에 따라서 절대로 농담의 대상으로 삼아서는 안 될 것들이 있다. 돈이나 가족 문제에 관한 한 절대 농담하지 않는 나라도 있고, 여성에 대한 언급 자체를 금기시하는 민족도 있으며, 성적 암시의 한계도 문화마다 다르다.

그래서 자기는 유머랍시고 했는데, 그것이 여성 비하나 성차별 또는 인종차별로 받아들여져 곤혹을 치르는 저명인사와 정치인들이

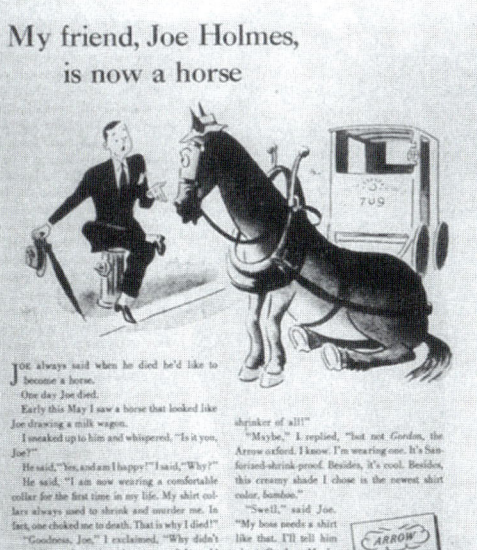

"내 친구 조 홈스가 말이 되었습니다"
애로우 셔츠

끊이지 않고 뉴스를 장식하고 있다. 오직 인간만이 유머를 안다고 하는데, 그 유머를 가릴 줄 아는 것은 지혜로운 자들만의 미덕이다.

유머 광고도 마찬가지다. 분명 유머 광고 자체의 유효성을 부정할 수는 없다. 어쨌든 중요한 사실은 과연 유머가 적절하게 쓰였는지가 광고의 성패를 좌우한다는 것이다. 적절치 못한 농담은 좌중을 썰렁하게 만들 뿐이지만, 적절치 못한 유머 광고는 광고주를 망하게 할 수도 있다.

결국 유머는 약이자 독이다.

09 _ 모든 제품에는 드라마가 숨어 있다

일반인은 전혀 모르겠지만 11월 11일은 '광고의 날'이다. 물론 달력에는 이 날이 표시되어 있지 않다. 광고의 날은 광고와 광고인의 위상을 높이기 위해 제정되었으며, 대학생들의 광고 아이디어를 공모한다. 내가 카피라이터로 일했던 과거에는 매년 여러 광고회사들이 돌아가면서 '광고의 날' 신문광고를 제작했다.

광고회사는 돈이 되지 않는다는 이유로 광고의 날 신문광고를 제작하는 일을 귀찮아했다. 그래서 만만한 졸병들에게 그 일을 던져주기 일쑤였다. 우리 회사 차례가 되자 결국 내가 그 광고를 만들어야만 했다. 오래 된 일이지만, 그때 나는 "모든 제품에는 드라마가 있다" 운운하는 광고를 만들었다. 레오 버넷의 생각에서 힌트를 얻은 광고였다.

고기의 드라마는 붉은 고깃덩어리 그 자체다

레오 버넷은 제대로 된 광고라면 소비자의 눈길을 끌어야 한다고 주장했다. 그렇다고 해서 큰소리로 외치거나 속임수를 써서도 안 되고, 자연스럽게 눈길을 끌어야 한다는 것이 그의 생각이었다. 그는 튀려고만 하는 광고를 혐오했다. "당신이 남들보다 튀어 보이고 싶다면, 그저 아침에 출근할 때 입에 양말을 물고 오면 된다."

거의 모든 제품에는 시장에서 그 제품을 돋보이게 할 뭔가가 있는데, 버넷은 그것을 '내재된 드라마(inherent drama)'라고 불렀다. 좋은 광고란 제품에 숨은 내재된 드라마를 찾아 너무 파격적이거나 현학적이지 않게 그리고 너무 유머러스하거나 부자연스럽지 않게 소비자에게 전달해야 한다는 것이 그의 생각이었다.

1914년, 버넷은 짧은 신문기자 생활을 그만두고 캐딜락에서 광고 인생을 시작했다. 그는 그곳에서 '일인자가 치러야 할 대가'의 카피를 쓴 테어도어 맥매너스를 만났다. 맥매너스는 버넷의 멘토로서 많은 영향을 미쳤다. "맥매너스는 위대한 광고인이었죠. 그와 함께 꽤 오랫동안 일할 수 있었던 것은 저에게 행운이었습니다. 그의 카피가 보여주는 남다른 사고방식, 품격, 대담성 등에 저는 정말 매료되었습니다."

기자가 아닌 광고인이 자신의 천직이라고 믿게 된 버넷은 호머맥키(Homer McKee)와 어윈, 웨이시앤컴퍼니(Erwin, Wasey&Company)에서 본격적인 광고 경험을 쌓았다. 특히 맥키는 맥매너스에 이어 그의 또 다른 멘토였는데, "거름 뿌리는 사람들에게 하버드대학교 졸업생 말투로 물건을 팔려고 해서는 안 된다"라든가 "어린아이가 이해하지 못하는 광고는 좋은 광고가 아니다" 등의 가르침을 주었다. 버넷은 이 시기에 몇몇 광고주 회사에게 자신의 이름을 알렸다.

1935년, 미국 전역을 휩쓴 경제대공황 속에서 버넷은 시카고에 자신의 이름을 걸고 광고회사를 설립했다. 그는 부하 직원들은 물론 자신도 도달하기 어려운 수준의 목표를 정하고, 거기에 부응하는 아이디어를 내는 것을 사명으로 삼았다. "별을 따려고 손을 뻗쳤는데, 별을 따기는커녕 별에 닿기조차 못할 수도 있다. 그러나 그런 경우라도, 진흙 덩어리를 손에 쥐는 법은 없다." 별을 향해 뻗친 손은 지금도 그가 설립한 회사의 로고로 이용되고 있다.

1940년, 마침내 버넷은 내재된 드라마에 의해 만들어진 광고를 전국에 보여줄 기회를 갖게 된다. 미국육류협회(American Meat Institute)는 경쟁 프레젠테이션을 통해 육류 소비 촉진 광고를 맡아서 진행할 광고회사를 선정하고자 했다. 무려 28개 광고회사가 이 경쟁에 참여했다. 전국의 50개 지역을 돌며 5주 이상 지속된 혹독한 프레젠테이션이었다.

버넷은 고기에서 가장 중요한 것이 생명력인데, 붉은 날고기가 그 자체라고 생각했다. 그러나 많은 사람이 날고기 그대로를 보여주는 데 반대했다. 소비자들이 거부감을 일으키리라는 이유에서였다. 그는 여러 차례의 조사를 통해 주부들이 날고기에 대해 거부감을 갖고 있지 않다는 결론을 얻었다. "붉은 날고기 한 덩어리 이상으로 '고기'를 잘 표현하는 것은 없다는 확신을 내렸습니다."

버넷은 여기서 만족하지 않고 한 걸음 더 나갔다. 붉은 고깃덩어리의 배경까지 붉게 처리한 것이다. 이렇게 해서 전혀 여백이 없는 붉은색 배경에, 커다란 붉은색 고깃덩어리가 놓여 있는 상식을 뒤엎는 광고가 만들어졌다.

광고 사진은 당시 식품 사진의 일인자로 손꼽히던 하니 윌리엄스의 뉴욕 스튜디오에서 찍었다. 작업을 하던 중 버넷의 머릿속에 갑자기 어떤 생각이 스쳤다. 그는 윌리엄스에게 말했다. "붉은색 바탕에다 붉은색 고기를 놓고 찍으면 어떻게 될까요? 고기가 보이지 않을까요, 아니면 더 드라마틱하게 보일까요? 한번 해봅시다."

불가능하다는 의견을 내놓을 때마다 "해봤어?"라며 야단을 쳤다는 고 정주영 회장의 일화는 광고의 소재로도 활용된 바 있다. 역시 뭔가를 이룩한 사람들은 공통점이 있는 것 같다.

버넷과 윌리엄스는 커다란 붉은 마분지를 깔고 그 위에 스테이크 고기를 얹었다. 그리고는 윌리엄스가 사진을 찍었다. 붉은 물체를 돋보이게 하기 위해 붉은 배경을 사용한다는 것은 전혀 상식적이지 않았지만, 놀랍게도 인화된 사진에는 사람을 끌어당기는 힘이 있었다.

"그 광고를 보여주자 모두들 좋아했습니다. 그리고 우리가 이겼지요. 이것이 바로 내재된 드라마입니다. 어떤 속임수도 쓰지 않은 드라마였습니다. 물론 붉은 바탕을 배경으로 붉은 고기를 찍은 것을 속임수라고 할 수도 있겠지요. 그러나 그것은 자연스러웠어요. 우리가 고기를 통해 말하고자 했던 모든 것, 일종의 생명력을 그 광고가 강화시켜 주었거든요."

광고는 큰 성공을 거두었고 '붉은색 바탕의 붉은 고기' 캠페인은 오랜 기간 시리즈로 계속되었다.

케이크 믹스의 드라마는 케이크 그 자체다

버넷의 내재된 드라마는 필스베리(Pillsbury) 케이크 믹스 제품에서 또 한 번 위력을 발휘했다. 우유만 부으면 집에서도 간편하게 케이크를 만들어 먹을 수 있도록 한 제품을 케이크 믹스라고 한다. 케이크 믹스 시장은 1947년부터 빠르게 성장했다. 그리고 광고는 누구나 예상할 수 있듯이 '간편성'에 초점이 맞춰져 있었다.

1949년에 버넷은 전략을 바꾸어 '완성된 케이크의 품질'에 초점을 맞추기로 했다. 최고의 케이크를 보여주면 그것의 원료인 케이크 믹스는 자동으로 잘 팔릴 것이라는 논리였다. 일체의 장식이나 군더더기를 배제하고, 소비자로 하여금 케이크 그 자체의 드라마를 느끼게 하자는 것이 광고의 목표였다.

역시 하니 윌리엄스의 탁월한 제품 사진과 함께 시리즈로 진행된 필스베리 케이크 믹스 광고는 대담하고 심플한 레이아웃, 쉽고 일상적인 카피가 시너지를 이루며 순식간에 미국 주부들을 사로잡았다. 몇 개월 만에 시장점유율이 무려 40퍼센트나 증가했던 것이다.

아니, 오늘 밤 당장 된다고요?

지금 편안한 시간에 이 광고 보시는지요? 광고에 나온 케이크가 마음에 드세요? 그렇다면 바로 가까운 식품점에 가셔서 새로 나온 필스베리 케이크 믹스를 한두 개 사세요. (깔끔한 푸른색과 흰색 포장으로 된 바로 그거예요.)

댁으로 돌아오셨나요? 그럼 보고 계시는 이 케이크처럼 멋있고, 눈에 확 띄고, 즐거운 케이크를 만드실 준비는 다 끝난 거예요. (우유만은 직접 준

What, this very night ?

If it's a reasonable hour of the day when you read this ad and if this cake appeals to you, why don't you go around to your grocer's and get yourself a package or two of these new Pillsbury Cake Mixes. . . . (They're the ones in those neat blue and white packages) . . . When you get back home you have everything you need right in the package (except milk, which you add) to make a cake just as handsome, just as attention-getting, just as joy-giving as the cake you see here . . . Why not this very night? You.

Remember —
You and Ann Pillsbury
can make a great team

Pillsbury CAKE MIXES
WHITE AND CHOCOLATE FUDGE

Milk is all you add—
No eggs, flavoring, or extras
of any kind required.
These are complete mixes.

"아니, 오늘 밤 당장 된다고요?"
필스베리 케이크 믹스

비하셔야 해요.)

　바로 오늘 밤 당장 해보세요. 직접요.

　1967년, 버넷은 "내 이름을 회사 이름에서 뺄 때가 되면 빼라"라는 말로 유명해진 고별 연설을 하고 은퇴했다. 그러나 그는 이후에도 일주일에 4일씩 회사에 나와 업무에 관여했다. 1971년 6월 7일, 그는 앞으로는 일주일에 3일만 회사에 나가겠다는 편지를 구술했다. 그리고 바로 그날 밤 심장마비로 세상을 떠났다.

　버넷은 언제나 완벽을 추구했으며 남들은 물론 자신과도 타협하지 않았다. 그는 자신이 광고하는 제품에 절대적인 신뢰를 가지고 있었다. 한 번은 그가 저혈당으로 바닥에 쓰러졌다. 그는 초콜릿 바를 사기 위해 급히 뛰어가는 직원에게 다 죽어가는 목소리로 이렇게 말했다. "네슬레 걸로 사와." 광고계에 남은 버넷의 흔적은 거의 전 세계에 사무실이 있는 그의 회사가 가장 잘 보여준다. 그는 〈타임〉이 선정한 '20세기의 가장 영향력 있는 100인'에 선정되기도 했다.

　해답이나 해결책은 뜻밖에도 가까운 데 있기 쉽다. 다만 그것을 볼 수 있는 눈이나 찾아보려는 노력이 없기에 멀리서 헤매는 것이다. 그래서 제품의 드라마가 아닌 모델의 드라마에 의존하는 광고가 자꾸 늘어나는지도 모른다.

　'모든 제품에는 드라마가 숨어 있다'라는 말을 '모든 문제에는 해답이 숨어 있다'로 바꾸어보면 어떨까.

<u>10</u> 모두가 '로망'을 꿈꾼다

사우나에 가면 완전히 발가벗고 거울을 보며 골프 스윙 폼을 잡는 사람이 꼭 있다. 엘리베이터를 기다리는 와중에 몸을 돌리고 팔을 휘두르는 사람도 종종 보인다. 우산을 들고 가다가 거꾸로 잡고 길 거리에서 스윙 연습을 하는 귀여운 사람도 있다. 나는 이런 꼴이 보기 싫어서, 또 모임 때마다 나오는 골프 이야기가 지겨워서 골프를 치지 않겠다고 결심했다. 광고주 접대를 위해 순전히 의무감으로 뒤늦게 골프를 시작했지만, 나는 여전히 골프가 별로 마음에 들지 않는다.

모든 인간은 스토리에 목마르다

왜 우리나라 사람들은 그토록 골프에 열광할까? 언젠가 한 골프 잡지에서 명지대학교 김정운 교수가 이 의문에 대해 나름대로 답을 내

86

놓은 기사를 읽은 적이 있다. 기사를 읽는 내내 공감되는 부분이 많아 고개를 끄덕인 기억이 난다. 그의 주장에 의하면 필드는 스토리텔링의 공간이다.

"낚시꾼들의 놓친 고기 이야기나 남자들의 군대 이야기에서 알 수 있듯이, 우리는 그런 이야기 속에서 자신의 존재 이유를 찾고 의미를 부여하고자 합니다. 한국인들이 유별나게 골프에 열광하는 건, 골프가 자신만의 이야기에 굶주린 우리에게 이야기를 선사하기 때문입니다. 자신도 초보자 티를 벗지 못했으면서 레슨을 못해 안달인 이유가 바로 그런 것이죠. 자신의 경험, 이야기를 전파하려는 욕망이 있기 때문입니다."

사실 우리나라 사람들만 이야기에 대한 욕구를 가진 것은 아니다. 인류는 끊임없이 이야기를 갈망해왔다. 옛날이야기나 신화, 전설은 인간의 원형적 무의식을 형성한다. 중세의 속어인 로망(roman)어로 쓰여진 기사들의 무용담이나 연애담, 즉 로망스(romance)는 지금도 영화나 TV 드라마, 판타지와 연애소설 그리고 게임 등에서 왕성하게 재생산된다.

프랑스에서는 로망이 그대로 소설을 의미하게 되었다. 일본에서는 로망을 '파란만장한 이야기'라는 뜻으로 쓴다. 내가 어렸을 때만해도 영화 광고에서 '일대(一大) 로망'이라는 표현을 자주 사용했다. 요즘은 특히 연예계에서 '대한민국 주부들의 로망 알렉스' 운운하는 표현을 사용하는데 이는 '꿈꾸는 이야기, 그런 이야기를 함께 만들 수 있는 이상적인 대상'이라는 뜻일 것이다.

결국 스토리텔링의 문제다. '컨텐츠가 빈약하다'는 말은 '스토리텔링 능력이 떨어진다'는 의미다. 영화나 드라마, 만화 할 것 없이 이야깃거리가 없으면 외국에서 수입하는 시대에 우리는 살고 있다.

광고에서도 오래전부터 스토리텔링 기법을 종종 사용해왔다. 광고를 보는 사람에게 궁금증을 유발시켜 끝까지 카피를 읽도록 유도하는 것이 바로 스토리텔링 기법이다. 인간이라면 누구나 스토리에 목말라하기에 잘 만든 스토리텔링 광고는 언제나 효과가 있었다.

그렇다면 최고의 경지에 오른 스토리텔링 광고는 어떤 것일까? 아마 사람들이 광고를 보고 스스로 저마다 이야기를 만들어내게 하는 ― 골프가 우리나라 사람들에게 그러하듯이 ― 그런 광고일 것이다. 바로 데이비드 오길비가 그런 광고를 만들었다.

오길비는 우리나라에서 가장 잘 알려진 광고인이다. 그가 세상을 떠났을 때, 거의 대부분의 국내 일간지에 사망 기사가 실렸다. 그는 무엇보다도 자기 자신의 신화를 만들어 그것을 적절하게 비즈니스에 활용하는 데 능숙했다. 즉, 광고하는 제품뿐만 아니라 자신의 브랜드 이미지를 형성하는 데도 탁월한 재주가 있었다.

자화자찬으로 가득하기는 하지만 오길비의 저서인 《나는 광고로 세상을 움직였다》와 《광고 불변의 법칙》은 지금도 광고인의 필독서로 잘 팔린다.

원래 영국인이었던 오길비는 역사학자의 꿈을 안고 옥스퍼드대학교에 입학했으나 성적 미달로 학교에서 쫓겨났다. 그 후 그는 파리로 건너가 호텔 주방에서 일했으며, 다시 영국으로 돌아와 주방기기 외판을 했다. 이때 그는 사내교육용 책자의 카피를 썼고 카피라이팅에 매력을 느꼈다.

제품이 아닌 로망을 사다

1938년, 오길비는 광고에 자신의 인생을 걸겠다는 야망을 품고 미국으로 이주했다. 그러나 미국의 어느 광고회사도 그를 받아주지 않았다. 37세가 되던 1948년, 그는 자신의 광고회사를 설립했다. 광고계에서 전혀 무명이었던 한 영국인이 세운 회사가 곧 세계적인 회사가 되리라고는 그 누구도, 아마 본인도 상상하지 못했을 것이다.

1951년, 오길비의 광고회사에 마침내 기회가 찾아왔다. 해서웨이(Hathaway) 셔츠 광고를 맡은 것이다. 1837년 메인주 워터빌에서 남성용 셔츠를 생산하기 시작한 해서웨이는 남북전쟁 때 북군의 군복을 만들었다. 회사는 별로 인기도 없고 잘 팔리지도 않는 중저가 셔츠 광고를 계획하고 있었다. 당시 애로우 셔츠가 광고비로 200만 달러를 쓰고 있었던 것에 비해 해서웨이의 광고 예산은 겨우 3만 달러였다. 아마 해서웨이는 자금이 부족해 오길비의 작은 광고회사를 찾아왔을 것이다.

광고는 브랜드 이미지를 형성하기 위한 일종의 투자라고 믿은 오길비는 해서웨이 셔츠에 뭔가 다른 이미지, 특별하고 품격 있는 상류층 이미지를 심어주고자 했다. 그렇게 해서 탄생한 것이 한쪽 눈에 안대를 한 도도하고 귀족적으로 보이는 한 사내가 양복점에서 옷을 맞추고 있는 '해서웨이 셔츠를 입은 사나이' 광고다.

광고의 매체로는 지식인들이 많이 구독하는 〈뉴요커〉 하나만을 고집했는데, 사실 여러 매체에 광고를 실을 수 있는 예산도 없었다. 그러나 이 점 역시 나중에 오길비와 해서웨이 광고가 신화가 되는 데 긍정적으로 작용했다. 만들고자 하는 브랜드 이미지에 가장 적합한 매체를 골라 거기에 집중했다는 평가를 받았기 때문이다.

오길비가 만든 헤서웨이 셔츠 광고의 모든 것은 모델이 하고 있는 안대로부터 시작되었다. 광고를 접한 사람들은 왜 그가 안대를 하고 있는지 궁금해서 본문을 끝까지 읽었다. 그러나 좋은 옷감을 사용해서, 투철한 장인정신으로, 입는 사람의 품위를 높여주는 편안하고 세련된 셔츠를 만들고 있다는 상투적이고 과장된 말만 늘어놓았지 정작 안대를 한 이유에 대한 설명은 없었다.

그러자 사람들은 그 이유를 상상하기 시작했다. 러시아 귀족의 자식인데, 혁명을 피해 도망치다가 눈을 다쳤을까? 아이비리그 출신의 상류층 자제로서 제2차 세계대전에 참전했다가 부상을 당했을까? 패전국 독일의 장교였다가 미국으로 이민을 온 사람일까? 온갖 추측과 소문이 난무했다. 특히 셔츠의 소비자는 아니지만 주 구매자였던 주부들이 이 사내와 '로망'에 빠졌고, 헤서웨이 셔츠는 불티나게 팔려나갔다. 각종 언론매체에서 이 광고를 언급했고, 오길비는 일약 광고계의 스타로 부상했다.

첫 번째 광고의 대성공에 힘입어 한쪽 눈에 안대를 한 사나이는 그 후 이어지는 광고에 계속 출연했다. 비록 광고 안에서이긴 하지만, 그는 자신의 로망을 한껏 펼친다. 카네기 홀에서 뉴욕 필하모닉을 지휘하기도 하고, 오보에를 연주하는가 하면, 메트로폴리탄 미술관에서 고야의 그림을 모사하고, 트랙터를 몰고, 요트를 타고, 펜싱을 하고, 르느와르의 그림을 사기도 한다. 이 사내가 다음 달에는 무엇을 할지 궁금하다는 이유만으로 잡지 발간일을 초조하게 기다리는 사람들도 많았다.

The man in the Hathaway shirt

AMERICAN MEN are beginning to realize that it is ridiculous to buy good suits and then spoil the effect by wearing an ordinary, mass-produced shirt. Hence the growing popularity of HATHAWAY shirts, which are in a class by themselves.

HATHAWAY shirts *wear* infinitely longer—a matter of years. They make you look younger and more distinguished, because of the subtle way HATHAWAY cut collars. The whole shirt is tailored more *generously*, and is therefore more *comfortable*. The tails are longer, and stay in your trousers. The buttons are mother-of-pearl. Even the stitching has an ante-bellum elegance about it.

Above all, HATHAWAY make their shirts of remarkable *fabrics*, collected from the four corners of the earth—Viyella and Aertex from England, woolen taffeta from Scotland, Sea Island cotton from the West Indies, hand-woven madras from India, broadcloth from Manchester, linen batiste from Paris, hand-blocked silks from England, exclusive cottons from the best weavers in America. You will get a great deal of quiet satisfaction out of wearing shirts which are in such impeccable taste.

HATHAWAY shirts are made by a small company of dedicated craftsmen in the little town of Waterville, Maine. They have been at it, man and boy, for one hundred and twenty years.

At better stores everywhere, or write C. F. HATHAWAY, Waterville, Maine, for the name of your nearest store. In New York, telephone OX 7-5566. Prices from $5.95 to $20.00.

"해서웨이 셔츠를 입은 사나이"
해서웨이 셔츠

모델은 실제로는 아주 멀쩡한 시력을 보유한 조지 랭겔이란 사람이었다. 그는 스스로 남작임을 표방했으나 그렇지 않다는 주장도 많았다. 어쨌든 그가 러시아 출신이라는 것만은 분명한데, 그 역시 해서웨이 셔츠 광고 덕에 유명 인사가 되었다. 1969년 6월 20일자 〈타임〉에 65세의 그가 심장마비로 사망했다는 부고가 실렸는데, 여기에서도 해서웨이 셔츠 광고가 언급되었다.

모델에게 안대를 하게 해서 보는 사람의 눈길을 끌자는 아이디어를 낸 사람은 오길비가 아니라 당시 해서웨이사 사장의 부인이었다는 주장도 있다. 그러나 오길비의 설명은 물론 다르다. "촬영을 하러 스튜디오로 가던 길에 나는 약국에 들어가 1달러 50센트를 주고 안대 하나를 샀다. 이 안대 하나가 왜 그렇게도 큰 성공을 거두었는지 나는 정확한 이유를 모른다. 이것은 어려웠던 회사를 반석에 올려주었다. 비오는 화요일 아침에 내 머리에 떠오른 그렇게 대단할 것도 없는 아이디어 하나가 나를 유명하게 만들었다. 명성이란 이보다 더 큰 노력에 의해 성취되는 것이라고 생각했는데 말이다."

오길비의 말이 거짓말이라고 해도, 그가 현대 광고에 미친 영향만은 부정할 수 없다. 무엇보다도 그는 제품의 물리적 속성이 아니라 브랜드 이미지의 중요성을 간파했던 사람이다. 그리고 성공하는 광고는 브랜드 이미지 형성에 어떤 형태로든 기여해야 한다고 믿었다. 사람들은 해서웨이 셔츠를 구매한 것이 아니었다. 해서웨이 셔츠의 브랜드 이미지, 즉 '해서웨이 셔츠를 입은 사나이'를 구매했던 것이다.

비슷한 공정에 의해 대량생산되는 소비재 간에 어떤 물리적 차이를 찾기가 점점 어려워지고 있다. 그래서 브랜드 이미지를 만들고, 관리 및 강화하고, 보존하는 것이 현대 마케팅의 거의 전부를 차지하게 되었다. 이것이 판매와 상관없이 기업이 광고를 해야만 하는 이유다. 관리하지 않는 브랜드 이미지는 해가 뜨면 사라지는 안개처럼 덧없다.

한동안 승승장구했던 해서웨이는 쏟아지는 디자이너 브랜드들의 더 강력한 이미지에 밀려 고전하다가 결국 2002년에 공장 문을 닫았다.

11 USP에 대한 추억

어느 업종이나 그 안에서 일하는 사람들이 사용하는 '특수어'가 있다. 내가 광고 일을 하면서 귀에 딱지가 앉을 정도로 들은 특수어 중의 하나가 바로 USP(Unique Selling Proposition)다.

광고를 만들어서 상급자에게 보이면 "제품의 USP가 뭐야?"라고 묻는다. 그러면 옆에 있던 더 높은 사람이 "아니, USP도 안 찾고 카피부터 썼단 말이야?" 하고 놀란다. 지나가던 더 높은 사람이 묻는다. "어제 당신네들 회식한 술집 어땠어?" 모두들 대답한다. "그저 그랬어요. USP가 없더라고요."

내가 처음 뉴욕에 갔을 때, 맨해튼의 이스트 53번가를 헤매고 다니며 '바로크(Baroque)'라는 프랑스 식당을 찾아보려고 애쓴 것도 USP와 무관하지 않다. 제대로 찾지 못했는지, 아니면 없어졌는지는 모르겠지만 나는 결국 그 식당에 가지 못했다. 호텔로 돌아와 식당 안내 책자와 전화번호부를 뒤지고 인터넷 검색까지 해보았지만 바로크는 존재하지 않았다.

만약 바로크가 그때까지 영업을 했다면 나는 꼭 거기서 식사를 한번 하려고 했다. 소문난 맛집이라서 그런 게 아니라, 그곳이 로서 리브스라는 광고인의 단골 식당이었기 때문이다. 그리고 거기서 두통약 아나신(Anacin)의 광고가 탄생했다.

1954년 어느 날, 광고회사 테드베이츠(Ted Bates)의 사장 로서 리브스는 직원들 몇 명과 함께 바로크에서 점심 식사를 하고 있었다. 마티니를 마시며 식사가 나오기를 기다리는 동안, 그는 종이 냅킨 위에 사람의 머리를 그리더니 머리 안에 3개의 상자를 그렸다. 그리고 각각의 상자 안에 뾰족뾰족한 번개, 쿵쾅거리는 망치, 찌릿찌릿한 스파크를 스케치했다. 머리 안에서 이런 상황이 벌어진다면 살아남을 사람은 없을 것이다.

이것이 그대로 아나신 TV CF가 되었다.

두통으로 고통받고 있던 주부는 머리를 쥐어뜯으며 아무 죄 없는 아이에게 신경질을 낸다. "딴 데 가서 놀아!" 그녀의 머리 안에서는 번개가 치고 망치가 쿵쾅거리고 스파크가 찌릿찌릿 발생하고 있었던 것이다. 그러나 이렇게 지긋지긋한 두통은 피어오르는 아나신의 작은 기포에 의해 사라지고 그녀는 천사의 미소를 되찾는다.

효과 빠른, 효과 빠른, 정말로 효과 빠른 두통약을 찾으시나요? 그렇다면 아나신입니다. 아나신은 두통을 빠르게, 긴장을 빠르게, 지끈거리는 신경을 빠르게 치료합니다. 아나신은 효과 빠른, 효과 빠른, 정말로 효과 빠른 두통약입니다.

아나신 광고는 불쾌하고 반복적이며 공격적이었지만 판매량을 경이적으로 증가시켰다. MGM 영화사가 〈바람과 함께 사라지다〉로 25년간 벌어들인 수익보다 아나신이 7년간 번 금액이 더 크다고 리브스는 두고두고 자랑했다.

클로드 홉킨스의 후예임을 자랑스럽게 자처했던 이답게 리브스는 광고의 목적이 오직 판매에 있다고 믿었다. 광고는 제품의 가치를 보여줘야 하며 카피라이터의 재주를 자랑해서는 안 된다고 그는 주장했다. 그의 광고 철학은 1961년에 출간된 《광고의 실체(Reality in Advertising)》에 정리되어 있다. 그의 저서에 나오는 USP 개념은 한때 전 세계 광고계를 풍미했다. 양자물리학의 시대에도 여전히 뉴턴이 언급되는 것처럼 — 혹은 양자물리학의 도래를 전혀 모르고 있는지도 모르겠지만 — USP는 지금도 광고계나 학계에 심심찮게 등장한다.

'고유 판매 제안' 정도로 번역되는 USP는 리브스의 독창적인 창작이라기보다는, 존 케네디와 클로드 홉킨스를 거쳐 면면히 내려온 '광고란 인쇄된 세일즈맨십' 학파의 주장들을 정리한 《공산당 선언》 같은 것이다.

모든 광고는 소비자에게 "이 제품을 사시오, 그러면 특별한 혜택을 얻을 것이오"라는 제안을 해야 한다. 그 제안은 경쟁 제품이 할 수 없고, 하지도 않는 것이어야 한다. 브랜드의 독창성이든, 광고에

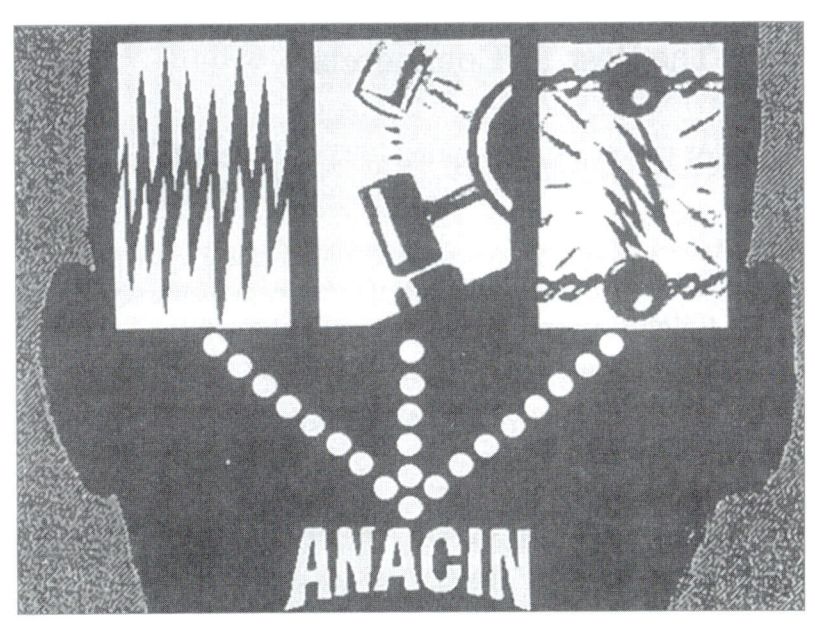

"효과 빠른, 효과 빠른,
정말로 효과 빠른 두통약을 찾으시나요?"
아나신

서 다른 제품이 한 번도 하지 않았든, 제안은 반드시 그 제품에 고유한 것이어야 한다. 그 제안은 수백만 명의 소비자를 움직일 수 있을 만큼 강력해야 한다. 다시 말해 그 제안에 의해 새로운 고객들이 제품을 구매해야 한다.

헤드앤숄더의 '비듬 치료', 도미노 피자의 '30분 내 배달', 페덱스의 '다음날 도착', 엠앤엠 초콜릿의 '손에서는 안 녹고 입에서 녹는다', 아나신의 '빠른 두통약' 등이 USP라고 볼 수 있다. 광고는 제품의 USP를 소비자의 머리에 집어넣는 작업이어야 한다는 것이 리브스의 주장이다.

리브스는 USP를 소비자의 머릿속에 각인시키기 위해 똑같은 이야기를 지겨울 정도로 반복했다. 이 작업은 마치 대장장이가 쇠를 두드려 펴는 것처럼 집요하고도 건조했다. 유머나 섹스가 끼어들 틈도 없었다. 실제로 그의 별명이 '대장장이(blacksmith)'이기도 했다.

USP와 '반복'을 무기로 리브스는 아나신뿐만 아니라 엠앤엠 초콜릿, 바이스로이 담배, 콜게이트 치약, 리스터린 등의 광고에서도 대단한 성공을 거두었다. 그리고 1950년대 가장 영향력 있는 광고인으로 부상했다.

유명 인사가 된 리브스는 마침내 대통령까지 팔 기회를 얻었다. 1952년 미국 공화당 대통령 후보는 아이젠하워였다. 당시 미국 국민들은 한국전이 장기화되는 것을 우려했다. 군인 출신인 아이젠하워로서는 그것이 이미지상 커다란 약점이었다. 리브스는 아나신을 팔 때와 똑같은 방식으로 아이젠하워를 대통령으로 만들었다. 즉, '아이젠하워, 평화의 인물(Eisenhower, man of peace)'이라는 아이젠하워의 USP를 지겹도록 되풀이해 국민들에게 들려준 것이다.

주입식 광고의 몰락

그러나 리브스의 광고는 1960년대로 접어들면서 급속히 힘을 잃기 시작했다. 우선 USP에 대한 의혹이 제기되었다. 예를 들어 '비듬 치료'를 USP로 하는 샴푸가 하나만 있지는 않다. 물론 최초로 '비듬 치료'를 표방한 샴푸는 '선점의 원칙'에 의해 얼마 동안은 시장을 지배할 수 있다. 그러나 무수한 제품이 저마다 '비듬 치료'를 주장하면, 이미 '비듬 치료'는 특정 샴푸의 '고유한' 판매 제안으로 소비자들에게 받아들여지지 않는다.

'30분 내 배달' 피자도 마찬가지다. 같은 USP를 외치는 경쟁 제품이 등장하면 그것은 단지 품질이나 서비스에 관한 하나의 속성으로만 소비자들에게 비친다. 실제로 한 걸음 더 나아가 '30분 내 따끈따끈하게 배달'을 약속하는 피자도 등장했다. 즉, 리브스가 주장한 '경쟁 제품이 할 수 없는 USP'란 현실적으로 존재하지 않는다.

소비자들의 수준이 높아진 것도 USP의 효과를 떨어뜨린 요인이다. 소비자들은 자신들의 머리에 망치로 못을 박듯 메시지를 주입하려는 리브스의 광고에 점차 등을 돌렸다. 마치 아이들이 크면 강압적인 지시에 반발하듯이 말이다. 광고와 소비자 사이에는 오직 메시지만이 있어야 하며, 다른 모든 것은 불필요하다고 여겼던 그는 확실히 소비자를 과소평가한 면이 있었다.

광고계 내부에서도 '신(新)광고'의 탄생을 예고하는 '크리에이티브 혁명(creative revolution)'의 기운이 무르익고 있었다. 이 도도한 흐름은 한때 전 세계 광고인의 교과서였던 로서 리브스의 많은 주장과 무미건조한 광고를 촌스럽고 낡은 구체제의 유물로 폄하시켜 버렸다. 흘러간 물이 물레방아를 돌릴 수 없음을 깨달은 리브스는 55세 때 테드베이츠의 회장직에서 물러날 수밖에 없었다.

그러나 무엇보다도 리브스에게 치명타를 입힌 것은 리모컨의 등장이었다. 만약 리모컨이 발명되지 않았다면, 지금도 우리는 바보처럼 TV 앞에 앉아 '옥수수기름 마가린'이라는 말이 7번이나 반복되는 마가린 CF를 보고 있을지도 모른다.

'학생의 흥미, 의욕, 능력, 이해 등을 고려하지 않고 일방적으로 선정한 소정의 교육 내용을 학생에게 주입시키는 교수법'을 주입식 교육이라고 한다. 학생 대신 소비자, 교육 대신 광고를 대입하면 정확하게 리브스의 생각과 일치한다.

이제 리모컨은 새로운 레저의 도구가 되었다. 지핑(zipping)과 재핑(zapping) 그리고 그레이징(grazing)의 시대에 리브스의 광고처럼 강압적이고 단순하며 재미없는, 즉 주입식 광고가 소비자의 눈과 귀를 단 5초라도 붙들어둘 수 있을까?

학생들을 가르치는 일이 점점 어려워지고 있다. 회사에서 직원들과 의사소통하는 일도 마찬가지다. 국민들과 '소통'이 되지 않아 정권이 어려움을 겪고 있다. 집안에서도 아이들이 말을 듣지 않는다. 선거 유세에서 목이 터져라 외쳐도 반응은 썰렁하다. 실제로는 보지도 듣지도 않고 있는 것이다. 정말 무서운 것은 사람들 마음속의 리모컨이다. 마음에 들지 않을 때는 리모컨 버튼을 누르면 그만이다. 저마다 가슴속에 비수처럼 리모컨을 품고 있는 것이다.

12 _ 때를 만나야 혁명도 성공한다

미국은 광고의 종주국이라고 할 수 있다. 그렇다면 미국에서는 과연 어떤 광고를 20세기 최고라고 꼽을까? 〈애드버타이징 에이지〉는 1960년대 집행된 일련의 폭스바겐 광고를 선정했다. 가장 영향력 있는 20세기 광고인으로는 누가 선정되었을까? 바로 이 광고를 주도해서 만든 빌 번바크다.

클로드 홉킨스나 로서 리브스 등과 마찬가지로 번바크도 제품을 파는 것이 광고라고 생각했다. 그러나 번바크는 그들과는 정반대로, 더 잘 팔 수 있는 것은 과학이 아니라 예술이라고 선언했고 또 그것을 증명했다. "논리와 지나친 분석은 아이디어를 얼어붙게 하고 불임 상태로 만들기 쉽다. 아이디어는 사랑과도 같다. 더 많이 분석하면 더 빨리 사라진다."

미국의 1960년대는 역사상 유례없는 가치관의 대변혁기였다. 근면한 근로와 정당한 보상의 청교도적 이데올로기는 쾌락을 좇는 젊은이들로부터 무시당했고, 반전시위와 마리화나의 소용돌이 속에서 히피들이 등장했다. 반문명 운동과 함께 동양의 신비주의나 요가가 젊은이들을 사로잡았고, 피임 방법의 광범위한 보급과 함께 여러 분야에서 성적 표현의 금기가 무너졌다.

이러한 환경 속에서 싫든 좋든 광고 역시 변하지 않을 수 없었다. 무엇보다도 전후 베이비 붐 세대가 구매력을 갖춘 강력한 소비층으로 대두되면서 광고의 타깃이 급격히 젊어졌다. 엄격한 과학적 방법이 아닌 직관과 영감으로 가득 찬 크리에이티브한 광고, 이른바 '신광고'가 순간적 만족을 추구하는 새로운 소비자들을 사로잡았다.

광고계는 '크리에이티브 혁명'을 맞았다. 1950년대 후반부터 시작해 1960년대 후반까지 계속된 광고의 새로운 흐름을 뜻하는 이 말은 1965년에 처음 사용되었으며, 1969년 〈뉴스위크〉가 커버스토리로 다룰 때쯤 완성되었다.

크리에이티브 혁명의 중심에 섰던 인물이 바로 빌 번바크다. "1950년대 후반 뉴욕의 광고계에서 누군가가 '빌'에 관해 얘기한다면, 그것은 빌 번바크를 뜻하는 것이었습니다." 그리고 혁명의 광장에 우뚝 선 혁명 탑이 바로 폭스바겐 광고다. 지금도 여전히 전 세계 광고인, 특히 크리에이티브 작업을 하는 크리에이터들은 이 탑에 경의를 표한다.

패션 디자이너의 아들로 뉴욕에서 태어난 번바크는 뉴욕대학교에서 음악과 경영학 그리고 철학을 공부했다. 그는 실제로 피아노를 연주했다. 위스키회사에 취직한 그는 우연히 광고 카피를 썼는데 반응이 좋았다. 그는 윌리엄 와인트롭(William H. Weintraub)이라는 광고회사에서 본격적인 카피라이터 생활을 시작했다.

번바크의 광고에 가장 큰 영향을 미친 인물은 그가 윌리엄 와인트롭에서 만난 전설적인 그래픽디자이너 폴 랜드다. IBM 로고 디자이너로도 유명한 폴은 유럽의 입체파와 구성파의 영향을 받은 독특한 디자인을 선보였다. 나중에는 예일대학교에서 디자인을 가르치기도 했다. 번바크는 그와 생활하면서 비주얼에 대한 높은 안목을 기를 수 있었다.

오늘날 대부분의 광고회사에서는 카피라이터와 아트디렉터가 팀으로 함께 일한다. 그러나 당시에는 따로따로 다른 사무실에서 일했다. 이런 환경 하에서도 번바크와 폴 랜드는 서로 아이디어를 주고받으며 팀으로 일하려고 노력했다. 실제로 번바크의 카피와 폴 랜드의 디자인은 서로에게 많은 영감을 주었고 광고의 질을 높였다. 나중에 자신의 광고회사를 설립한 번바크는 업계 최초로 카피라이터와 아트디렉터가 팀으로 일하게 했다.

군 복무를 마친 번바크는 그레이(Grey)에서 카피라이터 생활을 계속했다. 재능과 능력을 인정받은 그는 빠르게 크리에이티브 디렉터로 승진했다. 그는 회사가 성장하면서 직원들이 기술자로 전락하고, 광고가 점점 도식적으로 빠지는 것을 보고만 있을 수 없었다. "모든 것을 정확하게 측정하려는 것이 오늘날 광고계가 안고 있는 큰 문제다. 이것은 조사의 맹신과 연결된다. 모두들 얻어진 사실에만 관심이 있지, 어떻게 하면 그 사실을 소비자들에게 자극적으로 전달할 수 있을지에는 신경을 쓰지 않는다."

1949년, 마침내 번바크는 네드 도일(Ned Doyle), 맥스웰 데인(Maxwell Dane)과 함께 광고회사 DDB(Doyle Dane Bernbach)를 설립한다. 다른 회사들의 명칭과는 달리, DDB에는 세 사람의 이름을 구분하는 구두점이 없다. 여기에서도 통념을 무시하겠다는 번바크의 의지가 엿보인다. "우리 사이를 가르는 그 어떤 것도 있어서는 안 됩니다. 구두점 하나라도요."

타이밍이 좋아야 광고가 빛난다

1950년대 후반, 폭스바겐 어카운트가 DDB에 왔다. 이 작고 기묘하게 생겼으며 털털거리는 소리가 나는 나치와 히틀러의 자동차를 미국 시장에서 어떻게 팔 것인가? 아트디렉터 헬무트 크론과 카피라이터 줄리안 쾨니히는 빌 번바크의 지휘 하에 마침내 '작은 것을 생각할 것(Think small)'이라는 혁명적인 광고를 탄생시킨다.

도발적인 헤드라인, 한쪽 구석에 삽입한 아주 작은 제품 사진, 엄청난 여백, 군더더기가 없는 상세리프(sans-serif) 글자체, 은근한 유머가 가미된 이 광고는 미국 소비자들을 당장 사로잡았다.

> 작은 것을 생각할 것
>
> 우리의 이 작은 차는 이제 좀 익숙해졌답니다.
>
> 수십 명의 대학생들이 한꺼번에 타겠다고 비집고 들어오지도 않고요.
>
> 주유소에서 기름 넣는 사람이 기름 넣는 구멍을 몰라 헤매지도 않아요.

이상하게 생겼다고 쳐다보는 사람도 없어요.

사실 우리의 이 작은 싸구려 자동차를 모는 사람들도 1갤런에 32마일을 간다는 사실을 대수롭지 않게 생각해요.

5쿼트 대신 5파인트 기름만 있으면 충분하다는 사실도요.

부동액이 전혀 필요 없다는 사실도요.

타이어를 한 번 갈면 4만 마일을 간다는 사실도요.

얼마나 경제적인지 일단 익숙해지면, 더 이상 그 생각을 안 하게 되니까요.

좁은 주차 공간에 미끄러져 들어갔을 때는 그래도 생각을 하게 되지요. 얼마 안 되는 보험료를 갱신할 때도 그렇고요. 얼마 안 되는 수리비를 낼 때도 그렇고요. 타던 폭스바겐을 팔고 새 폭스바겐을 살 때도 그렇고요.

한번 생각해보세요.

광고는 대단한 성공을 거두었다. 독일에서 온 이 기묘하게 생긴 딱정벌레는 미국 가정의 차고를 가득 채웠다. 폭스바겐 광고는 이후 시리즈로 진행되면서 광고를 보는 사람들을 미소 짓게 했다. "새 노새를 살 것인가, 중고 딱정벌레를 살 것인가?" 노새가 쓰러지면 총으로 쏠 수밖에 없다. 그러나 그들의 딱정벌레가 쓰러지면 폭스바겐 딜러가 달려온다.

빌 번바크를 중심으로 불길처럼 일어났던 '크리에이티브 혁명'의 기운은 1970년대 미국이 불황을 맞으면서 한풀 꺾였다. 그의 영향력은 오히려 유럽에서 결실을 맺었고, 이후 영국을 비롯한 유럽이 새로운 크리에이티브 강국으로 부상하는 계기를 만들었다.

그런데 1960년대 미국에서 폭스바겐이 성공한 것이 번바크의 빛

"작은 것을 생각할 것"

폭스바겐

나는 광고 때문이었다고만 말할 수 있을까?

제2차 세계대전의 승리와 함께 찾아온 미국의 호황기는 1960년대에 절정을 이뤘다. 따라서 자동차도 더 커지고, 더 화려해지고, 더 비싸지는 추세였다. 매년 디자인을 바꾸었기 때문에 작년에 산 차도 구형이 되곤 했다. 그러자 '또 한 대의 자동차'가 필요해졌다. 특히 마땅한 대중교통 수단도 없는 교외에서, 멀리 떨어진 슈퍼마켓까지 쇼핑을 가야만 하는 주부들에게 제2의 자동차는 시급한 문제였다. 그렇다고 비싼 미국 자동차를 또 한 대 사는 것은 커다란 부담이었다.

폭스바겐이야말로 이런 문제에 대한 해답이었다.

우선 비싸지 않았고 덩치가 작아 아무 데나 주차하기 쉬웠다. 따라서 폭스바겐의 성공은 무엇보다도 타이밍이 좋았던 덕분이었다. 즉, 다른 시기였다면 실패했을 수도 있다. 미국 자동차회사들도 소형차를 만들지 않은 것은 아니었다. 1930년대의 베이비오스틴, 1940년대의 크로슬리, 1970년대의 래빗과 시로코 그리고 대셔 등이 그것인데 모두 실패했다. 타이밍이 맞지 않았기 때문이다.

역사상 성공한 혁명보다 실패한 혁명이 압도적으로 많은데, 그 원인을 살펴보면 대부분 타이밍이 맞지 않았기 때문이다. 동남풍이 불기를 기다리지 않았다면 제갈량의 적벽대전이 성공할 수 있었을까.

"헤드라인이 크게 보여서 좋을 때는 그렇게 해야지요. 그러나 헤드라인이 아예 필요 없을 때도 있는 법입니다. 로고를 크게 하는 것이 좋을 때도 있고, 아예 안 보이는 편이 좋을 때도 있지요. 나는 절대로 직원들에게 이래라저래라 지시하지 않아요. 그렇게 해서 좋으면 그렇게 하면 됩니다."

그는 혁명의 시대에 걸맞는 광고를 만들었고, 그래서 성공할 수 있었다. 시의적절(時宜適切)이란 매사에 통용되는 말이다.

감동이 있는 곳에 사람이 모인다

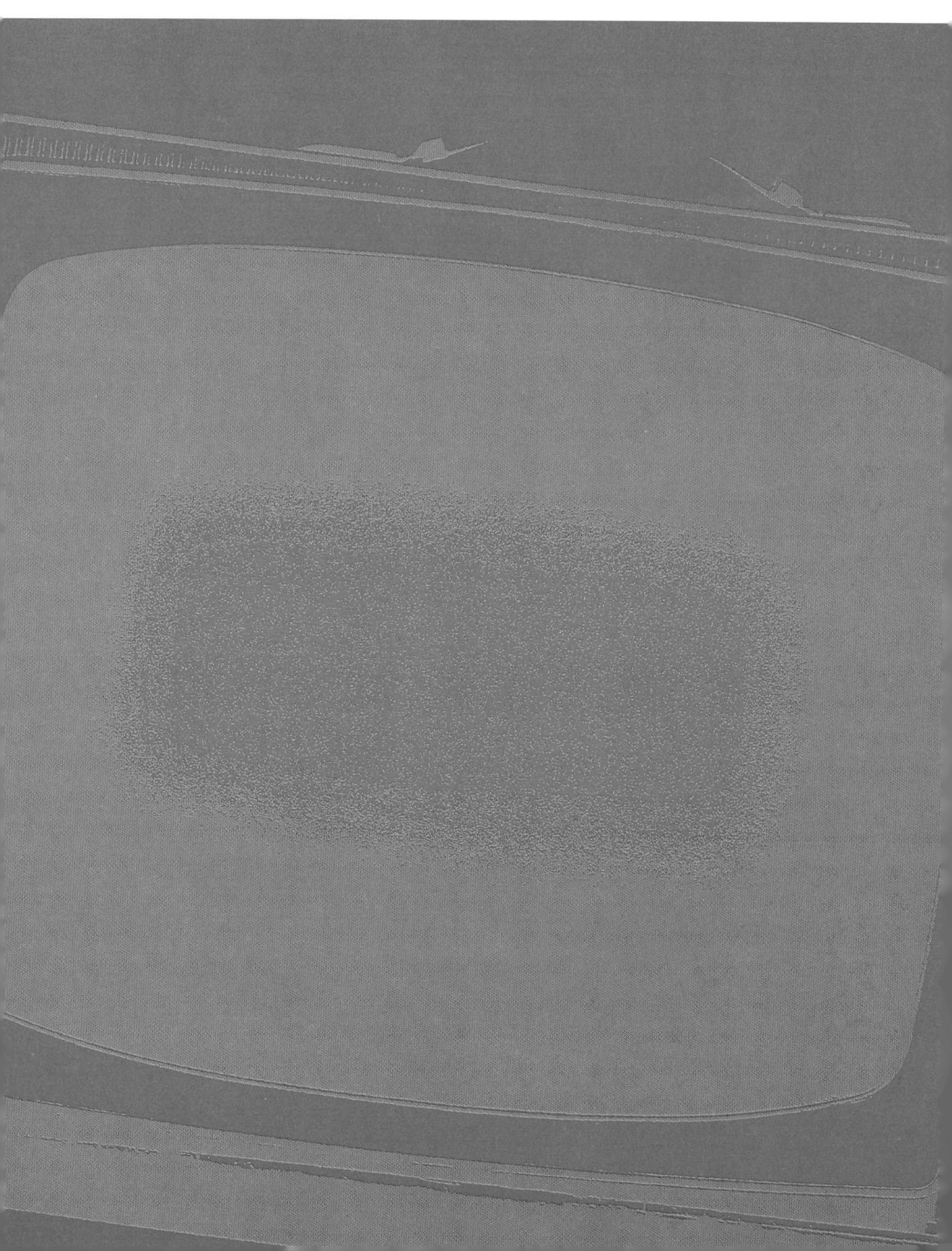

13_왜 충신은 항상 죽을까

외국에서 우리나라 광고인들이 테이블에 둘러앉아 중국 음식을 먹을 때의 일이다. 한 명이 자랑스럽게 막상 중국에 가면 자장면이 없다고 주장했다. 나는 점잖게 그가 잘못 알고 있음을 지적했는데, 요약하면 다음과 같다. 중국에는 아주 오래전부터 자장면이 존재했다. 한자로는 볶을 작(炸), 된장 장(醬), 국수 면(麵)이라고 쓰는데, 샌프란시스코나 밴쿠버의 차이나타운 같은 데서도 쉽게 먹을 수 있다. 실제로 나도 먹은 적이 있다. 다만 인천에 온 화교들이 한국인의 입맛에 맞추어 맛을 변화시켜서 한국식 자장면과 맛이 다를 뿐이다.

나는 그가 "아, 그렇습니까? 몰랐습니다. 좋은 지적 감사합니다"라고 말할 줄 알았다. 하지만 그는 목에 핏대를 세우며 대들었다. 그는 자신의 부모님이 만주에서 살았는데, 중국에는 자장면이 없다고 말하는 걸 들었다고 했다. 그러니 중국에는 절대로 자장면이 있을

리가 없다는 것이 그의 주장이었다. 어쨌든 그와 나는 지금도 마주치면 서로 인사를 하지 않는다.

1981년 알 라이스와 잭 트라우트가 《포지셔닝》이라는 책을 출간했다. 전통적인 하드셀 기법과 1950년대 후반 제너럴푸드(General Foods)가 이용하던 마케팅 기법 등을 새롭게 '포지셔닝'이란 매력적인 단어로 정리한 이 책은 세계적으로 선풍적인 인기를 끌었다. 이후 '포지셔닝'은 학계나 업계의 일상어가 되었다. 심지어 현대를 '포지셔닝 시대'로 지칭하기도 한다.

소비자의 머릿속에는 각각의 상품군에 대한 인식의 사다리가 존재한다. 그리고 그 사다리 제일 위에 가장 강력한 브랜드가 자리 잡고 있다. 예를 들어, 소비자의 머릿속에는 '소주'에 대한 인식의 사다리가 존재한다. 어떤 소비자는 그 사다리의 제일 위 칸에 '참이슬'이, 또 다른 소비자는 '처음처럼'이 있다. 전라남도 사람이라면 '잎새주'가 제일 위 칸을 차지하고 있을 것이다.

막강한 브랜드는 대다수 소비자의 인식의 사다리 맨 꼭대기를 오랫동안 차지한다. 콜라에서는 코카콜라, 복사기에서는 제록스, 셀로판테이프에서는 스카치테이프, 화장지에서는 크리넥스, 스테이플러에서는 호치키스 등이 그렇다. 이런 브랜드들은 워낙 확고하게 자리 잡고 있어서 브랜드명이 그 상품군을 지칭하는 말로 쓰이기도 한다. '제록스(Xerox)'는 말 그대로 '복사하다'는 영어 단어가 되었다. 우리나라 사람들도 일본주나 청주 대신 '정종(正宗)'이라는 단어를 사용한다.

포지셔닝 전략에서는 소비자의 인식을 바꾸려는 시도가 무모하다고 경고한다. 소비자들은 한 번 굳어진 인식을 쉽게 바꾸려 하지 않을 뿐만 아니라, 사람들은 자신이 잘못 알고 있다고 지적받으면 화를 내기 때문이다. 따라서 더 좋은 제품을 개발하면 팔릴 것이라는 '더 좋은 제품' 전략은 잘못된 것이다.

결국 소비자 인식의 사다리 어디에 자신의 제품을 위치시킬 것인가가 포지셔닝 전략이므로, 포지셔닝은 제품이 아니라 소비자의 인식에 해야 한다.

소비자는 바른말 하는 충신을 원하지 않는다

1962년, 에이비스(Avis)라는 미국의 렌터카 업체가 빌 번바크의 DDB를 찾아왔다. 당시 에이비스는 허츠(Hertz)에 이은 2위 업체였는데, 말이 좋아 2위지 시장의 70퍼센트 이상을 차지하고 있는 1위 업체와는 비교도 되지 않는 까마득한 2위였다. 그리고 상황은 개선될 기미가 보이지 않았다. '렌터카 업체 중 최고의 서비스'를 제공하고 있다는 광고 캠페인도 13년간 계속된 회사의 적자를 없애주지는 못했다.

당연히 인식의 사다리 제일 위 칸에는 허츠가, 그 밑에는 에이비스와 내셔널(National)이 있었다. 이것이 당시 소비자들의 머릿속에 있는 렌터카 업종의 인식의 사다리였다. 따라서 에이비스 광고를 본 소비자들은 의아해했다. "에이비스가 최고의 서비스를 제공한다고? 가만, 렌터카는 허츠가 최고잖아. 그런데 어떻게 에이비스가 최고라는 거야. 웃기고 있네. 그렇게 잘하는데 왜 아직 2등밖에 못해!"

DDB에서 준비한 새로운 광고는 너무나도 파격적이어서 하마터면 진행되지 못할 뻔했다. 1위가 아니라 2위임을 그대로 인정하는, 일찍이 유례가 없었던 광고여서 광고주 쪽에서 용납하기 어려웠기 때문이다. 그래서 사전 조사를 해보았는데 조사 결과도 몹시 부정적이었다. 조사 결과를 무조건적으로 신용해서는 안 된다는 번바크의 설득에 힘입어, 이 역사적인 '넘버 투' 광고는 우여곡절 끝에 빛을 볼 수 있었다.

에이비스는 렌터카 업종에서 2위에 불과합니다. 그런데 왜 우리 차를 이용하나요?

우리는 더 열심히 일합니다. (당신이 1위가 아니라면, 마땅히 그래야 하지요.)

지저분한 재떨이를 그대로 둘 여유가 없습니다. 가득 차지 않은 연료 탱크도 그렇고요. 너덜너덜해진 와이퍼도 마찬가지고요. 세차하지 않은 차는 말할 것도 없어요. 닳아버린 타이어도 그대로 둘 순 없지요. 좌석 조절 장치는 좌석 조절을 제대로 해야 돼요. 히터는 히팅이 되어야 하고, 성에를 없애는 장치는 성에를 없애야 하지요.

우리는 세심한 분야에 가장 심혈을 기울입니다. 이를테면 활기차고 힘 좋은 포드 같은 차에 올라 만족스러운 미소와 함께 바로 출발하실 수 있도록 하는 것이지요. 덜루스(Duluth)에서 맛있는 패스트라미 샌드위치를 파는 곳을 소개시켜 드리는 것 따위를 포함해서요.

왜일까요?

우리는 고객들께 대충 넘어가 달라고 부탁할 여유가 없기 때문입니다.

다음번에 우리 차를 한 번 이용해보세요.

카운터의 줄도 그리 길지 않아요.

Avis is only No.2 in rent a cars. So why go with us?

We try harder.

(When you're not the biggest, you have to.)

We just can't afford dirty ash-trays. Or half-empty gas tanks. Or worn wipers. Or unwashed cars. Or low tires. Or anything less than seat-adjusters that adjust. Heaters that heat. Defrosters that defrost.

Obviously, the thing we try hardest for is just to be nice. To start you out right with a new car, like a lively, super-torque Ford, and a pleasant smile. To know, say, where you get a good pastrami sandwich in Duluth.

Why?

Because we can't afford to take you for granted.

Go with us next time.

The line at our counter is shorter.

"에이비스는 렌터카 업종에서 2위에 불과합니다
그런데 왜 우리 차를 이용하나요?"
에이비스

이 이상한 광고는 놀라운 성공을 거두었다.

사람들은 모이면 이 광고를 화제로 삼았고, 회사는 흑자로 돌아섰다. 에이비스는 2년 만에 시장점유율을 무려 28퍼센트나 올릴 수 있었다. 자신이 알고 있는 사실이 틀리지 않았음을 확인한 소비자들은 흐뭇하게 이 광고를 바라보았다. "그럼 그렇지, 넌 아직 2등이잖아. 그런데 괜히 1등인 척하느라고 그동안 힘들었지? 진작 이렇게 나왔어야지. 2등이니까 더 열심히 하겠다는 거구나. 좋아, 좋아. 마땅히 그래야지."

에이비스는 '넘버 투' 광고를 시리즈로 진행하면서 행복한 나날을 보냈다. 그러자 거대 기업 ITT가 이 알토란 같은 회사에 침을 흘렸다. 마침내 에이비스를 인수한 ITT는 그때까지 해오던 '넘버 투' 캠페인을 중단하고 '넘버 원' 전략을 야심차게 전개했다. '이제, 에이비스가 넘버 원이 되고 있습니다(Avis is going to be No.1).' 그러자 소비자들은 화를 냈다. "뭐야, 내가 알기로 에이비스는 넘버 투인데." 소비자들은 자신의 생각을 바꾸는 대신, 그동안 애용하던 에이비스를 바꾸었다.

진정으로 위대한 책은 사람들이 다 아는 사실을 확인시켜 준다는 말이 있다. 에이비스 사례에 비추어보면, 진정으로 위대한 광고란 사람들이 다 아는 사실을 확인시켜 주는 광고인 셈이다.

리처드 칼슨의 《사소한 것에 목숨 걸지 마라》는 미국에서 굉장한 베스트셀러였다. 이 책의 12장에는 다음과 같은 대목이 나온다. "더 평화스럽고 더 사랑받는 삶을 위한 놀랍고도 진정한 전략은, 다른 사람들로 하여금 자신들이 옳다는 생각을 기분 좋게 유지하도록 두는 것이다. 그 영광을 그들로부터 빼앗지 마라. 그 생각이 잘못되었다고 바로잡으려고 해서는 절대로 안 된다."

역사상 수많은 충신이 왕의 노여움을 사서 처형되었다. 그 많은 왕이 바보이거나 정신이상자여서 그랬을까? 그렇지 않다. 만약 왕들에게 설문지를 돌려 조사해본다면, 누구나 바른 말을 하고 자신의 잘못을 지적해주는 신하가 이상적이라고 답변할 것이다. 그러나 왕도 인간이다. 왕의 입장에서 볼 때 사사건건 따지고 잘못되었으니 고치라고 집요하게 물고 늘어지는 신하에게 화를 내지 않기는 무척 어려웠을 것이다.

소비자도 마찬가지다. "왜 내 제품보다 품질이 떨어지는 것을 사용하느냐. 그것은 잘못된 선택이다. 내 제품이 더 좋다는 사실은 과학적인 데이터가 증명한다. 그런데도 여전히 저 제품을 고집하는 것은 당신이 어딘가 모자라기 때문이다…." 아무리 사실이라고 해도 이렇게 주장해서는 곤란하다.

에어컨은 대우 차가 훌륭하고, 엔진은 삼성 차가 뛰어나다고 믿는 택시 기사들을 심심찮게 만날 수 있다. 그렇다고 해서 택시 기사들과 논쟁을 해서는 안 된다. 목사를 불교로 개종시키는 것보다 훨씬 어렵기 때문이다.

'소비자가 왕'이라는 말은 그 둘 다 자신이 잘못 생각하고 있다는 지적을 못 참는다는 의미에서 진리다. 충신이 처형되듯이 '더 좋은 제품'이 시장에서 사라지는 것이 마케팅의 아이러니다. 상대방이 틀렸음을 지적하지 않는 것이 처세의 요령이듯이, 일단 굳어버린 소비자의 인식을 건드리지 않는 것이 포지셔닝 전략의 핵심이다.

자장면 사건 때는 모르고 있다가 뒤늦게 이런 진리를 깨달은 나는, 와인에 정통하고 있음을 스스로 자랑하는 선배 한 명이 키안티(Chianti)가 칠레 와인이라고 우길 때도, 그저 고개를 끄덕이며 미소를 지을 수 있게 되었다.

14 여자가 사지 않으면 남자에게 판다

조지 조겐슨이라는 남자가 있었다. 1926년 뉴욕에서 태어난 그는 체구가 작고 내향적이었다. 아이들끼리 싸움이 붙거나 위험한 놀이를 하면 그는 무조건 도망을 다녔다. 고등학교를 졸업한 그는 곧 군대에 징집되어 병역의 의무를 마쳤다.

군대에서 조지는 자신의 신체 발육 정도가 다른 남성들에 비해 현저하게 뒤떨어진다는 사실을 발견했다. 이 고민은 그가 제대하고 사회로 돌아왔을 때도 계속되었다. 그러던 가운데 그는 '성전환 수술'에 관해 들었고, 여러 경로를 통해 그 가능성을 탐색했다. 마침내 1952년, 그는 덴마크의 코펜하겐으로 가서 성전환 수술을 받고 여자가 되었다. 이름도 크리스틴으로 바꾸었다.

유럽에서는 1920년대부터 성전환 수술이 행해졌다고 한다. 하지만 수술을 통해 성을 바꾼 미국인은 크리스틴이 최초였다. 따라서

1953년 미국으로 돌아온 크리스틴은 ─ 우리가 짐작할 수 있듯이 ─ 전국적인 호기심의 대상이자 부정적인 의미의 유명인이 되었다.

1959년, 크리스틴은 하워드 녹스라는 사람과 약혼을 발표했다. 그러나 둘은 결국 결혼하지 못했다. 출생증명서에 여전히 남성으로 기록되어 있었기 때문이다. 또한 약혼 사실이 발표되자 하워드 녹스는 직장에서 쫓겨났다.

크리스틴은 1970년대부터 대학 등을 다니며 강연을 했다. 그녀는 배우와 가수로도 활동했다. 당시 애그뉴 부통령이 다른 정치인을 '공화당의 크리스틴 조겐슨 같은 놈'이라고 발언한 데 대해 공식 사과를 요구하기도 했다.

1989년에 63세로 세상을 떠날 때까지 그녀는 이른바 '트랜스젠더'에 대한 일반의 편견에 끊임없이 시달렸다. 심지어 그녀의 자서전을 토대로 1970년에 만든 영화 〈크리스틴 조겐슨 이야기〉에는 어린 조지가 어머니의 립스틱을 입술에 바르고 누나의 옷을 입는 장면이 나온다. 그녀는 전혀 그런 적이 없었다고 지적했다.

태어난 성, 즉 생물학적인 성(sex)과 사회학적인 성(gender)이 일치하지 않아 갈등을 겪는 사람들이 뜻밖에도 많다. 이 경우 그냥 그대로 사는 이도 있고, 크리스틴처럼 과감하게 성전환 수술을 해서 생물학적인 성을 바꾸는 이도 있다. 이제는 우리나라도 그런 사람들에 대한 인식이 많이 달라졌다.

그런데 혹시 인간이 아닌 상품도 이런 일을 겪을 수 있을까? 제품을 개발하면서 부여한 성과 시장에서 기대하는 성이 다르다면 그 제품은 불행할 것이다. 팔리지 않을 것이 뻔하기 때문이다.

런던에 본사를 둔 담배회사 필립모리스(Philip Morris)는 1902년에 미국으로 진출하여 몇 종류의 담배를 팔기 시작했다. 그중 하나가 말보로(Marlboro)인데, 공장이 있던 런던의 거리 '그레이트 말보로 스트리트(Great Marlborough Street)'에서 나온 이름이다.

처음에 말보로는 여성용 담배로 출발했다. 커피숍에 모여 수다를 떠는 여자들을 주 타깃으로 삼아 '5월처럼 부드러운' 담배임을 내세웠다. 립스틱 자국을 감추기 위한 갈색 필터는 '뷰티 팁'이라는 꽤 낭만적인 명칭으로 불려졌다.

그러나 말보로는 필립모리스의 기대만큼 팔리지 않았다. 더구나 제2차 세계대전이 발발하자 군인들에게 지급되었던 캐멀(Camel), 럭키스트라이크(Lucky Strike), 체스터필드(Chesterfield) 같은 브랜드들이 확고한 위치를 점했다. 말보로는 점점 빈사 상태로 빠져들었다. 1950년대 초반, 말보로는 미국 담배 시장의 0.25퍼센트도 차지하지 못했다.

여자에서 남자로

견디다 못한 필립모리스는 마침내 말보로에 대한 대대적인 성전환 수술을 결심했다. 우선 담배 맛이 더 진하게 나도록 원료 배합을 달리했고, 담뱃갑 색상도 흰색에서 강렬한 붉은색으로 바꾸었다. 그리고 시카고에 본사가 있는 레오버넷에 광고 캠페인을 맡겼다.

한때 커피숍에서 수다를 떨던 여자를 거칠고 독립적인 남자로 만들기 위한 수술은 버넷의 책임이 되었다. 말보로를 남성의 새로운 아이콘으로 만들기 위해 그는 실제 카우보이를 모델로 쓸 것을 제안했다.

1954년, 새로운 말보로의 판매를 제일 먼저 시작한 마이애미에서부터 캠페인이 시작되었다. 중심 모델인 카우보이가 새로워진 맛과 디자인을 알렸다.

1955년 1월에 말보로가 전국에 깔리면서 광고도 전국적인 캠페인으로 발전했다. 카우보이뿐만 아니라 거친 남성상을 표현하고 있는 다양한 직업 — 해군 장교, 자동차 수리공, 미식축구 선수, 잠수부, 선원, 라디오 수리공, 파일럿 등 — 의 모델들이 광고에 등장했다. 차츰 판매가 늘기 시작했고, 1956년에 말보로는 미국 담배 매출액 순위 10위에까지 올랐다.

그런데 1957년부터 〈리더스 다이제스트(Reader's Digest)〉가 담배의 해악성에 대해 보도하기 시작했다. 그 기사에는 필터 달린 말보로가 필터 없는 캐멀보다 타르 함유량이 더 많다는 분석 결과도 있었다. 흡연의 위험성, 특히 필터 달린 담배의 유해성은 많은 사람을 놀라게 했다. 담배를 끊지 못한 사람들은 그나마 니코틴과 타르 함유량이 적다고 보고된 켄트로 바꾸었다. 켄트의 판매량은 두 배 이상 늘어났다. 하지만 말보로는 2년 동안 고전을 면치 못했다.

버넷은 말보로의 명성을 살리기 위해 여러 가지 시도를 했다. 하지만 결과는 신통치 않았다. 1962년, 마침내 그는 처음 생각대로 카우보이와 서부의 이미지로 돌아갈 것을 결심했다. 그는 듣기만 해도 거친 서부가 연상되는 영화 〈황야의 7인〉의 유명한 테마음악 판권을 구입했다. 그리고 카우보이들이 사는 가상의 이상향 '말보로 컨트리'가 만들어졌다.

아직 안개가 걷히지 않은 이른 새벽, 카우보이들이 말들과 함께 야영을 하고 있다. 한 카우보이가 모닥불로 끓인 커피를 마시며 아침을 맞는다. 그리고 붉은 말보로 갑에서 담배 하나를 뽑아 물고 라이터로 불을 붙인다. 불을 붙이는 카우보이의 손등에는 문신이 있다. 카우보이는 첫 모금을 음미한다. 그런 후 장비를 챙기고 카우보이들과 말들은, 사나이의 가슴에 불을 지를 것 같은 〈황야의 7인〉 테마음악과 함께 끝없이 펼쳐진 황야로 사라진다. "풍미가 있는 곳으로 오십시오. 말보로 컨트리로 오십시오(Come to where the flavor is. Come to Marlboro country)."

누구의 지시도 거부할 것 같은 카우보이의 쿨한 눈길, 결코 순탄치 않았을 인생 역정과 그럼에도 존재했을 어떤 로맨스를 암시하는 손등의 문신, 내 길은 내가 간다는 단호한 걸음걸이 등을 내심 부러워하지 않을 남자가 어디 있겠는가. "담배는 몸에 해롭다"는 말 따위는 달리는 말발굽 소리에 묻혀 들리지도 않았을 것이다.

이제 말보로를 여자로 보는 이는 없었다. 말보로의 판매량은 점점 늘어났다. 1971년부터 미국에서는 담배 CF를 금지했지만, 말보로는 인쇄광고나 옥외광고를 통해 계속 카우보이의 이미지를 밀고 나갔다. 마침내 말보로는 1976년에 윈스턴을 제치고 미국 시장 1위를 차지했다.

오늘날 전 세계적으로 담배 광고가 설 자리가 점점 좁아지고 있다. 몇몇 국가를 제외하고 TV와 신문에서 담배 광고가 사라진지 꽤 되었고, 아주 제한된 매체에서만 그나마 엄격한 심의 하에 명맥을 유지하고 있다. 담뱃갑에는 법적으로 무시무시한 경고문을 인쇄해

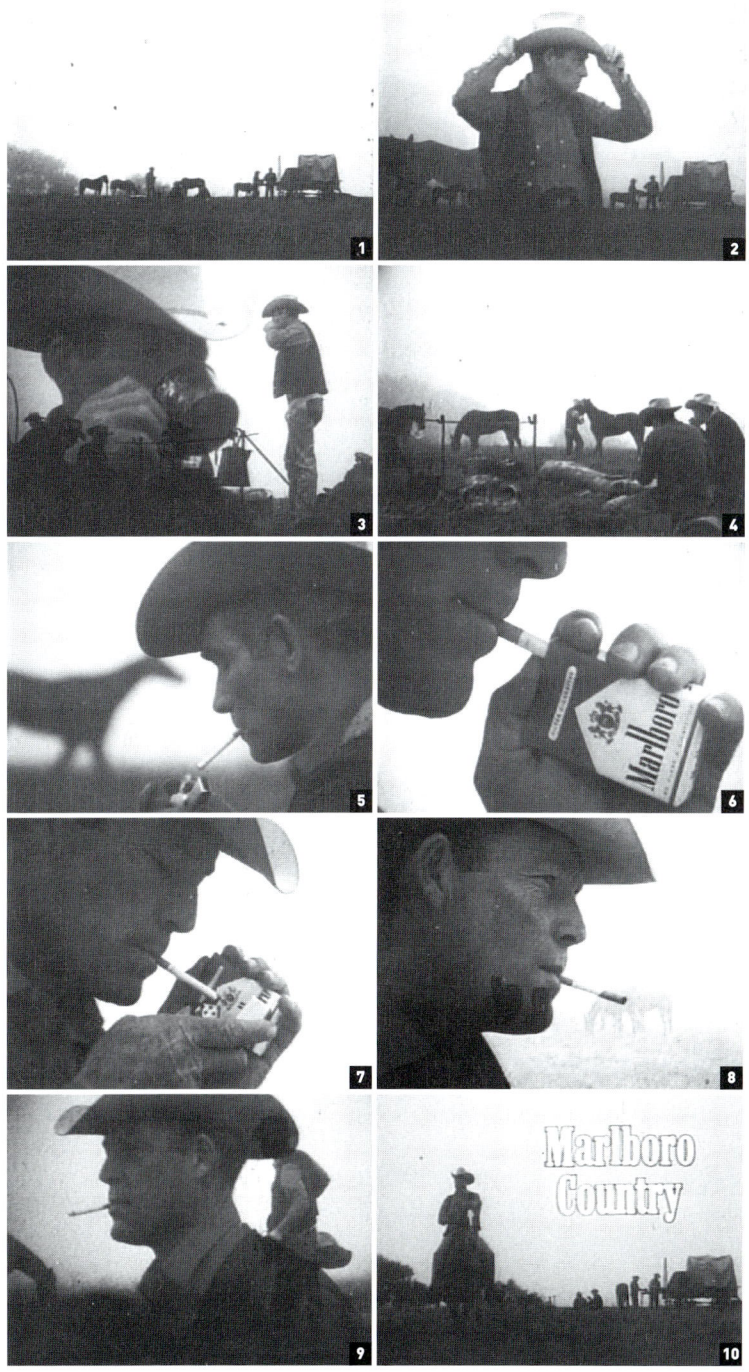

"풍미가 있는 곳으로 오십시오. 말보로 컨트리로 오십시오"
말보로

야 한다. 내가 본 가장 간단하고도 살벌한 경고문은 이탈리아 것이었다. "흡연은 당신을 죽인다(Il fumo uccide)."

이런 악조건 속에서도 말보로는 여전히 카우보이 이미지를 유지하고 있으며 세계에서 가장 잘 팔리는 담배가 되었다. 2006년 조사에 의하면 말보로는 세계에서 6번째로 값이 나가는 브랜드로서, 그 가치는 자그마치 3800만 달러 이상이라고 한다. 과장이 좀 섞인 이야기겠지만, 지금도 필립모리스에 말보로 컨트리가 어디 있는지 문의하는 편지가 꽤 온다고 한다.

성전환 수술 이후 크리스틴의 인생은 행복해졌을까? 우리는 감히 그녀가 행복했거나 불행했다고 단언할 수 없다. 그러나 우리는 말보로가 성전환 수술 이후 완벽한 삶을 사는 모습을 보고 있다.

만약 내가 광고한 제품이 시장에서 환영받지 못한다면, 한 번쯤 제품의 성정체성을 의심해보는 것도 방법이다. 스스로에게 다음과 같은 맥락의 질문을 던져보라. 내가 부여한 제품의 성을 소비자들은 인정할까? 예를 들어 여성용 술이라고 외치지만 과연 여성이 마시고 있는가? 똑같은 내용물을 넣은 채 용기만 날씬하게 만든다고 여성용으로 받아들일까?

말보로 캠페인에서 간과하지 말아야 할 것이 있다. 말보로가 여성에서 남성으로 완전히 변하기까지 막대한 비용과 10년 이상의 시간이 들었다는 점이다. 일관된 전략을 장기간 밀고 나갈 의지와 여력이 없다면 남자든 여자든 그대로 두는 편이 더 낫다.

15_ 저지르고 생각하기

어렸을 때 학교 선생님들은 하나같이 인생의 목표를 가져야 한다고 말씀하셨다. 목표를 세우고 그 목표에 도달하기 위해 노력하는 것이 바람직한 삶의 모습이라는 것인데, 좀 의심이 드는 주장이기도 했다. 위인전을 읽다 보면 처음부터 목표를 세워 위인이 된 사람보다는, 아주 사소하고 우연한 일이 계기가 되어 생각지도 못했던 분야에서 위인이 된 사람이 압도적으로 많기 때문이다.

영문학을 전공하는 학자들이 학위논문에서 가장 많이 다루는 작가가 조지프 콘래드다. 폴란드 영(領) 우크라이나 출신인 그는 선원 생활을 하다가 21세가 되어서야 영어를 배웠다. 20세기 문학에 강력한 영향을 미치며 후세 사람들에 의해 가장 많이 해석되는 영어권 작가가 되겠다는 목표를 그는 한 번이라도 세웠을까?

그러나 먼저 목표를 세우고, 그 목표를 달성하기 위한 전략을 수

립한 다음, 구체적인 전술을 세우는 것은 너무나도 합리적이고 당연하다고 여겨진다. 때문에 군대를 비롯한 모든 조직에서 그렇게 해오고 있다. 기업도 예외가 아니라서 오랫동안 이런 '하향식 마케팅(top-down marketing)'이 주류를 형성해왔다. 어느 기업 총수가 했다는 "최고경영자는 철학을, 임원은 전략을, 팀장은 전술을 그리고 팀원들은 전투를 해야 한다"는 말이 전형적인 하향식 사고방식을 보여준다.

상황 분석, 마케팅 목표 설정, 마케팅 전략 수립, 구체적인 실행 프로그램 결정 순으로 행해지는 하향식 마케팅 프로세스는 대부분 기업들의 위계질서와도 잘 부합한다. 때문에 지금도 가장 정통적이며 일반적인 마케팅 계획 수립 방식으로 여겨진다.

13장에서 포지셔닝 개념과 함께 등장했던 알 라이스와 잭 트라우트가 1989년, 과감하게 하향식 마케팅에 의문을 제기했다. 그들은 《상향식 마케팅(Bottom-Up Marketing)》이라는 책을 통해 전통적인 하향식 마케팅은 더 이상 통하지 않으며, 전략이 전술을 지배하는 것이 아니라 전술이 전략을 지배하는 '상향식 마케팅'의 시대가 왔다고 주장했다. "전략은 위에서가 아니라 아래로부터 개발되어야 한다. 다른 말로 한다면, 전략은 업종 그 자체의 실제적 전술에 대한 깊은 지식과 참여로부터 개발되어야 한다."

콜럼버스는 동쪽이 아닌 서쪽으로 항해함으로써 인도로 가는 최단 항로를 찾고자 했다. 그는 자신이 발견한 대륙이 인도라고 믿으며 죽었다. 하지만 그곳은 인도가 아니었다. 하향식 마케팅의 시각으로 보자면 콜럼버스는 분명 실패한 인생을 살았다. 목표를 달성하지 못했기 때문이다.

반면 전술이 전략을 지배한다는 상향식 마케팅의 시각에서 보면, 콜럼버스의 업적은 인도로 가는 최단 항로의 발견과는 비교도 할 수 없이 의미 있다. 그런데도 그는 끝까지 인도를 고집했고, 신대륙은 그가 아닌 아메리고 베스푸치의 이름을 따서 아메리카가 되었다.

피자를 배달해 먹는다는 것은 전혀 새로운 개념이 아니었다. 톰 모니건은 '오직' 배달만을 하겠다는 전술을 세웠고, 이 단일 아이디어에 그의 전체적인 전략을 집중시켰다. 그 결과 세계 최대 배달 피자 체인 도미노가 탄생했다.

사병 출신인 히틀러는 전략 세우기를 좋아했고, 전선에 나가 있는 장군들에게 그 전략을 강요했다. "아무리 좋은 전략도 전술적으로 실행될 수 없다면 무용지물이다"라는 롬멜 장군의 말에서 히틀러에 대한 군인들의 반감이 느껴진다. 미국이 베트남 전쟁에서 패한 것도 전략이 아닌 전술의 실패 때문이었다.

전술에서 출발해 전략으로 올라가는 상향식 마케팅은 기업에게 많은 이익을 가져다주는 신제품 개발과도 잘 연결된다. 1968년, 3M에 근무하던 연구원 스펜서 실버 박사는 우연히 점성이 아주 약한 접착제를 개발했다. 이 접착제는 압력에 민감해서 누르면 쉽게 붙었다. 또한 다시 떼어냈다가 붙일 수도 있었다. 실버 박사는 자신의 개발품을 어떤 형태로든 상품화하려고 노력했지만 별 성과가 없었다.

1974년, 실버 박사의 동료 아트 프라이가 자신의 찬송가 책 책갈피에 그 접착제를 발라서 사용하면 좋겠다는 생각을 했다. 이 아이디어가 발전해, 즉 회사의 전략적인 뒷받침에 의해 마침내 3M에 막대한 이익을 가져다줄 포스트잇이 탄생했다.

'떡 본 김에 제사 지낸다' 전략

1968년, 미국의 제약회사 빅스(Vicks) 연구실에서 새로운 액체 감기약이 개발되었다. 실험 결과 이 약은 감기의 온갖 고통스럽고 불쾌한 증상에 탁월한 효과가 있었다. 그런데 한 가지 문제가 있었다. 항히스타민제 성분 때문에 이 약을 먹으면 몹시 졸음이 온다는 것이었다. 운전이 생활이 되어버린 미국에서 이것은 치명적 결함이었다. 그래서 이 약은 실험실에서 그대로 사라질 뻔했다.

"다른 약을 다시 개발하자." 그때 누군가가 기막힌 아이디어를 냈다. "먹으면 잠이 온다고? 그럼 자기 전에 먹으면 되잖아. 자기 전에 먹는 감기약… 그러니까 우리 약은 미국 최초의 밤에 먹는 감기약이라는 거지." 듣고 보니 아주 그럴 듯했다. 그래서 빅스는 이 약을 없애는 대신 시장에 내놓기로 했다.

새로 나온 빅스의 액체 감기약은 미국 최초의 '밤에 먹는 감기약'이다. 잠자는 동안 감기의 고통스러운 증상들을 완화시켜 당신을 편안하게 해준다. '밤중에(nighttime)'와 '편안하다(tranquility)'라는 단어를 따 이 약의 이름은 나이킬(NyQuil)이 되었다. 그리고 잡지광고를 통해 나이킬의 탄생을 알렸다.

이제 다시는 캡슐로 된 감기약을 찾지 않으실 거예요
빅스에서 나이킬을 개발했습니다. 전혀 새로운 개념의 감기약이지요.

나이킬은 밤에 먹는 감기약입니다. 감기의 여러 증상들을 아주 잘 없애주는 것은 물론이고요, 당신의 몸이 필요로 하는 편안한 휴식까지 제공합니다. 아침이 되면 분명 기분이 나아지실 거예요.

나이킬은 캡슐로 된 다른 감기약처럼 감기의 특정 증상만 완화시켜 주는 것이 아닙니다. 나이킬은 코감기, 재채기, 코막힘, 목감기, 기침, 두통, 몸살 등에 두루 효과가 있습니다. 게다가 액체 감기약이기 때문에 더 빠른 효과를 느끼실 수 있습니다.

그래서 이제 다시는 캡슐로 된 감기약을 찾지 않으실 거라고 우리는 생각합니다. 알약으로 된 감기약도 마찬가지고요. 왜냐하면, 새로 나온 빅스의 나이킬이야말로 당신의 유일한 감기약임을 직접 경험하게 되실 테니 말입니다.

나이킬은 빅스 역사상 가장 큰 성공을 거뒀다. 후에 빅스는 졸음을 유발하는 성분을 뺀 '낮에 먹는 감기약' 데이킬(DayQuil)을 자매품으로 개발했다. 1980년대부터는 나이킬을 캡슐 형태로도 판매했다. '떡 본 김에 제사 지낸다' 전략이라고도 할 수 있다.

나이킬은 현재 미국에서 가장 많이 팔리는 감기약이다. 그러나 빅스가 처음부터 '밤에 먹는 감기약' 개발을 목표로 했던 것은 아니었다. 가다가 보니 아메리카 대륙을 발견했고, 그 발견에 상위 전략을 집중시켰을 뿐이다.

그러나 상향식 마케팅은 언제나 옳고 하향식 마케팅은 언제나 그르다는 식으로 생각하면 큰 잘못이다. 문제는 시스템이 아니라 그것을 운용하는 사람에게 있다. 하향식 마케팅으로 훨씬 큰 가치를

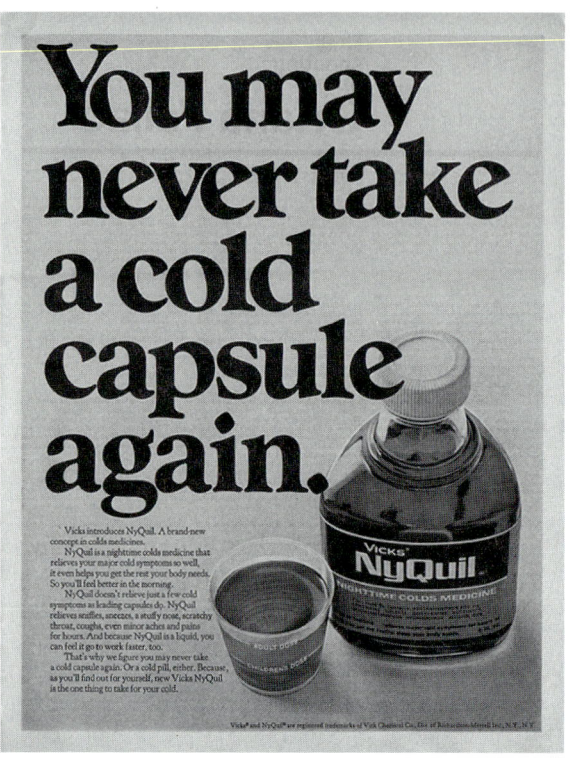

"이제 다시는 캡슐로 된 감기약을 찾지 않으실 거예요"
밤에 먹는 감기약 나이킬

창출하고 있는 기업은 얼마든지 있다. 하향식 마케팅이 성공하기 위해서는 목표와 전략과 전술의 본질을 조직원 모두가 정확하게 파악해야 한다. 그렇지 못하면 목표 자체가 전략이 되고, 그 전략이 전술이 되는 웃기는 상황이 발생한다.

올해 우리 회사 목표는 매출을 20퍼센트 증가시키는 것이라고 사장이 말한다. 그러면 임원들이 돌아와 부서장들에게 전달한다. "올해 우리 회사 목표는 매출 20퍼센트 증가다." 그러면 부서장들이 다시 부서원들에게 전달한다. "올해 우리 회사 목표는 매출 20퍼센트 증가다." 자, 그렇다면 광고 목표는 무엇이 될까? '매출 20퍼센트 증가'라는 초현실적 결론에 도달할 수밖에 없다.

하향식 마케팅이 가장 나쁘게 전개되고 있는 분야는 정치다. 청년실업 문제가 이슈가 되면 대통령은 빨리 이 문제를 해결하겠다고 말한다. 사채 문제가 두드러지면 대통령은 빨리 이 문제를 해결하라고 지시한다. 국가신인도가 떨어지면 다시 올리겠다고 약속한다. 국가브랜드위원회를 만들어서 국가 브랜드 가치를 올리겠다고 한다. 언제까지 국민소득 얼마를 달성하겠다고 약속한다. 언제까지 무슨 분야에서 세계 몇 대 강국으로 도약하겠다고 한다. 소외되고 못사는 사람들이 절대로 있어서는 안 된다고 눈물도 흘린다.

문제는 도처에 목표만 있고, 실행을 하지 않는다는 점이다. 온갖 거창한 목표만 남발하다가 임기가 끝나면 책임을 지지 않는다. 새로 등장한 인물은 다시 똑같은 과정을 되풀이한다. 공부방 이곳저곳에 피 끓는 격문을 덕지덕지 붙이고 머리띠를 질끈 동여매는 것도 좋지만, 진정 중요한 것은 실제로 얼마나 공부를 열심히 하는가다.

작은 것이라도 우선 실행을 해야 한다. 하다보면 경제가 좋아지고 국가신인도와 국가 브랜드 가치도 오르는 법이다. 국회의원 선거 때마다 지겹게 되풀이되는, 낙후된 우리 지역을 살리겠다는 공약은 정말이지 더 이상 듣고 싶지 않다. '50년 동안 이 지역을 거쳐 간 국회의원이란 작자들은 도대체 뭘 했단 말인가' 하는 생각이 들기 때문이다.

다시 생각해도 정주영 회장의 "해봤어?"는 참으로 많은 의미를 지닌 좋은 말인 것 같다.

16 광고와 정치의 만남

1980년대 무렵, 연일 우중충하게 모여 앉아 야간 근무로 밤을 지새우던 우리에게 이상한 소문이 들려오기 시작했다. 사치앤사치(Saatchi&Saatchi)라는 듣도 보도 못한 영국의 광고회사가 미국의 광고업계를 온통 휘젓고 다닌다는 것이었다. 업계지뿐만 아니라 〈타임〉 같은 일반 뉴스지도 '영국의 광고인들이 몰려온다'는 식의 기사를 분주하게 써댔다.

사치앤사치는 맹렬한 기세로 미국의 광고회사들을 사들였다. 백커앤스필보겔(Backer&Spielvogel)을 1억 달러에 인수함으로써 일약 세계 3위의 광고회사로 도약하더니, 곧 4억 5000만 달러를 들여 댄서피츠제럴드(Dancer Fitzgerald)와 로서 리브스가 일했던 테드베이츠를 샀다. 광고회사뿐만이 아니었다. 사치앤사치는 경영컨설팅회사, 조사회사, 다이렉트마케팅회사도 가리지 않고 먹어치웠다.

1986년 후반까지 사치앤사치가 사들인 회사는 37개로 10억 달러라는 천문학적인 자금이 들었다. 사치앤사치는 65개국 500개 지사에 1만 8000명의 직원을 거느린 세계 최대 광고 왕국이 되었다.

광고주들은 어리둥절해 있었고, 광고업계는 공포의 눈으로 이들을 지켜봤다. 미국 광고업계 역시 살아남기 위해 인수합병의 광풍 속으로 뛰어들었다. 그 일환으로, IMF 직후 우리나라에 다국적 광고회사들이 경쟁적으로 몰려와 광고회사들을 사들였다. 광고회사 간의 짝짓기가 워낙 빈번해서 경쟁 제품들을 한 회사가 취급하는 경우도 심심찮게 발생했다.

세계 광고계에 일대 지진을 일으킨 이 사치앤사치라는 회사의 정체는 도대체 무엇일까?

찰스 사치는 1943년 이라크의 바그다드에서 태어났다. 그의 부모는 이라크계 유태인이었다. 제2차 세계대전 후에 그들은 영국으로 이주해 정착했다.

17세 때 학교를 떠나 미국으로 간 찰스는 당시 젊은 광고인들이 그랬던 것처럼, '크리에이티브 혁명'을 이끈 빌 번바크의 광고에 크게 매료당했다. 그는 영국으로 돌아가 그런 광고를 만들고 싶어 했다.

22세가 되자 찰스는 미국 광고회사 벤튼앤보울스(Benton&Bowles)의 런던 지사에서 카피라이터로 광고 일을 시작했다. 거기에서 그와 팀을 이루었던 아트디렉터가 바로 로스 크레이머다. 곧 둘은 그들의 급진적이고 새로운 아이디어를 발휘하기에는 회사가 너무 답답하다는 데 의견의 일치를 보았다. 둘은 콜레트디킨슨피어스

(Collett Dickenson Pearce)라는 회사로 옮겨 잠시 실력 발휘를 하다가, 마침내 크레이머사치(Cramer Saatchi)를 설립했다.

운을 타고난 사람은 따로 있는 것인지 사치의 성공 신화는 아주 일상적이고도 엉뚱한 곳에서 시작되었다.

어느 날 로스 크레이머는 아이를 태워주기 위해 학교 앞에서 기다리고 있었다. 그는 자신처럼 아이를 기다리고 있던 학부모들 가운데 한 부인과 우연히 대화를 나누었는데, 그녀는 보건교육위원회(Health Education Council)에서 일한다고 했다. 크레이머는 자신이 광고회사에서 일하고 있다고 소개했다. 그러자 그녀는 마침 자신의 상관이 적당한 광고회사를 찾고 있으니 지원해보는 것이 어떻겠냐고 권했다.

이렇게 해서 만들어진 것이 금연 공익광고였는데, 그들의 극단적이고 단순한 크리에이티브가 유감없이 발휘되었다. 납작한 접시받침 안에 구역질이 날 것 같은 질척질척한 갈색 불순물이 담겨 있다. '평균 흡연인의 폐에서 추출한 타르와 유출물'이라는 카피를 읽으면 아무리 담배를 사랑하는 사람이라도 몸서리가 칠 것이다. 이 광고가 화제를 모으자 다른 정부 기관의 광고에도 참여할 수 있는 발판이 마련되었다.

그러나 크레이머사치를 유명하게 만든 일등 공신은 1969년 가족계획협회(British Family Planning Association)를 위해 제작한 '임신한 남자' 광고다. 임신한 남자가 볼록 튀어나온 배를 한 손으로 만지면서 우리를 쳐다본다. 그의 표정이 야릇하다. 당황하고 애처로우며 부끄럽고 체념한 듯한 표정이다.

임신하는 이가 당신이라면 좀 더 조심하겠습니까?

결혼을 했든 안 했든 누구나 가족계획협회로부터 피임에 관한 정보를 얻을 수 있습니다.

매스컴은 이 광고와 크레이머사치를 시끄럽게 보도했다. 마침내 크레이머사치는 영국 광고계의 새로운 스타로 부상하기 시작했다. 이 광고는 1999년 BBC 방송국이 주관한 20세기 영국 10대 광고로도 선정되었다.

1970년, 로스 크레이머가 CF 감독의 길을 걷기 위해 회사를 떠나자 광고 업계지에서 일하고 있던 찰스 사치의 동생 모리스 사치가 형에게로 왔다. 그리고 회사명도 사치앤사치로 바뀌었다.

1979년, 대처의 보수당은 잃어버린 정권을 되찾기 위해 선거에서 광고회사를 활용할 것을 결정했다. 이것이 영국 역사상 최초의 정치와 광고의 만남이었다. 보수당이 제시한 광고회사의 자격 요건은 첫째 영국 회사일 것, 둘째 너무 크지도 작지도 않은 회사일 것, 셋째 굉장히 크리에이티브한 회사일 것이었다. 마시우스윈윌리엄스(Masius Wynn Williams)와 사치앤사치가 끝까지 치열한 경합을 벌였고, 결국 사치앤사치가 보수당의 광고회사로 선정되었다.

실업성(失業省)이라고 적힌 팻말 아래로 수많은 사람들이 끝이 보이지 않는 길고도 긴 꼬불꼬불한 줄을 지어 서 있다. "노동당은 일하지 않는다(Labour isn't working)." 사치앤사치가 대처를 위해 만든, 가장 유명했던 포스터의 문구다. 이 광고는 앞서 말했던 BBC 방송국의 20세기 영국 10대 광고 중 당당히 1위로 선정되었다.

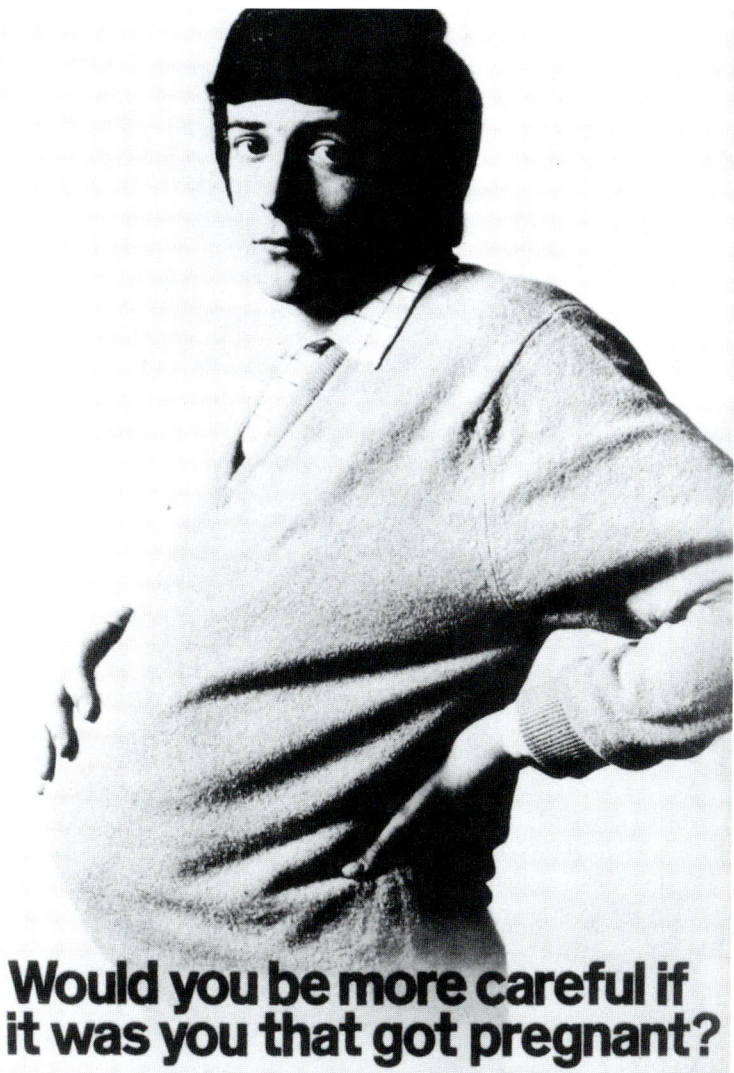

Would you be more careful if it was you that got pregnant?

Anyone married or single can get advice on contraception from the Family Planning Association. Margaret Pyke House, 27-35 Mortimer Street, London W1 N 8BQ. Tel. 01-636 9135.

"임신하는 이가 당신이라면 좀 더 조심하겠습니까?"
가족계획협회

사치앤사치의 뛰어난 광고 덕분에 대처가 선거에서 승리했다고 말하는 것은 과장이다. 매일 계속되는 파업과 끝이 보이지 않는 경제 불황은 영국 국민들로 하여금 보수당에 새로운 희망을 걸도록 만드는 데 충분했다. 그러나 대처가 영국 수상이 되는 데 사치앤사치가 일정 부분 공헌했던 것은 사실이다. 사치앤사치는 '대처의 광고 회사'로서 전국적인 지명도를 얻었다.

1982년에 사치앤사치가 브리티시에어웨이(BA, British Airways)라는 엄청난 광고주를 영입할 수 있었던 것도 이때 쌓은 명성과 무관하지 않다. 브리티시에어웨이 영입을 출발점으로 사치앤사치는 세계적인 광고회사로 도약했다. 사치앤사치는 더 이상 '너무 크지도 작지도 않은 회사'가 아니었다.

광고가 민주주의 발전을 해친다?

그러나 은행까지 인수하려던 사치 형제의 야심찬 신화는 1990년대에 접어들면서 무너지기 시작했다. 1987년, 주식시장 붕괴의 여파로 사치앤사치의 주식 가치가 무려 98퍼센트나 하락한 것이다. 사치 형제는 외부에서 경영인을 영입하고 그들이 보유한 주식을 매각하는 등 갖가지 노력을 기울였으나 상황은 나아지지 않았다.

마침내 1995년, 주주들의 쿠데타에 의해 모리스 사치는 회사에서 쫓겨났다. 그러자 모리스는 재빨리 아직도 그에게 충성스런 몇몇 직원들과 형의 힘을 합해 새로운 광고회사 엠앤시사치(M&C Saatchi)를 설립했다. '사치'라는 이름을 사용하는 회사가 2개 존재하는 기묘한 상황이 벌어진 것이다. 런던과 뉴욕에 근거지를 두고 국제적인 광고회사를 표방하며 출발한 엠앤시사치는 사치앤사치의 상징적인 광고주 브리티시에어웨이를 빼앗는 데 성공하는 등 순조롭게 출발했다. 그러나 2002년 브리티시에어웨이는 다른 광고회사로 갔고, 엠앤시사치의 미래가 어떻게 될지는 아무도 모른다.

미국에서는 일찍이 1950년대부터 광고인들의 선거 캠페인 참여가 본격화되었고, 우리나라에서는 5공화국 말인 1987년부터 이른바 '정치광고'가 등장했다. 매번 선거 때가 되면 정치광고대행사를 자처하며 수많은 회사가 생겼다가 없어진다. 대통령 선거 같은 경우에는 큰 광고회사들이 참여하기도 한다.

그러나 광고가 가진 대중조작의 기능 때문에 정치광고가 진정한 민주주의 발전에 해악을 끼친다는 주장에도 근거가 있다. 1964년 미국 대통령 선거 때의 '데이지' 광고가 그랬다. 이후 의식 있는 광고인들은 정치광고에 환멸을 느끼게 되었다.

1964년 미국 대통령 선거는 민주당의 존슨과 공화당의 골드워터 간의 싸움이었다. 제2차 세계대전 때 공군에서 근무했던 골드워터는 보수적 공화주의의 상징으로 평가되던 인물이었다. 존슨 진영에서는 골드워터를 무조건 '전쟁광'으로 몰아붙였다. 천진난만한 소녀가 데이지 한 송이를 손에 들고 꽃잎을 하나씩 뜯는다. 하나, 둘, 셋 하는 소녀의 귀여운 목소리가 들린다. 소녀는 열을 센다. 이때 소녀의 눈이 점점 클로즈업 된다. 그러면서 카운트다운을 하는 남자의 기계적인 목소리가 들린다. 10, 9, 8, 7, 6… 마침내 0이 되었을 때 확대된 소녀의 눈동자 속에서 거대한 버섯구름이 인다. 그리고 꿍음과 함께 화면은 온통 핵폭발의 섬광과 구름으로 뒤덮인다. 존슨 진영에서 골드워터를 공격하기 위해 만든 이 사악한 TV 광고는 딱 한 번 방영되었지만 매우 치명적이었다. 골드워터가 대통령이 되면 핵전쟁이 일어날 것이며, 그렇게 되면 우리의 사랑스러운 자식들이 죽을지도 모른다는 공포와 분노가 국민들의 이성을 마비시켰기 때문이다.

정치와는 불가근불가원(不可近不可遠)해야 한다는 말은 광고에서도 진리인 것 같다.

17_ 파블로프의 개

이제는 초등학생들도 알고 있는 파블로프의 조건형성 실험을 요약하면 다음과 같다. 개에게 음식물을 주면 개는 침을 흘린다. 생각하거나 따져보지도 않고 무조건 침을 흘리기에, 이때의 음식물을 '무조건자극', 침을 흘리는 반응을 '무조건반사'라고 한다.

음식물을 줄 때마다 종소리를 개에게 들려주기 시작한다. 무슨 소리인지 궁금해서 한 번쯤 쳐다볼지는 모르겠지만 개는 종소리에 무덤덤하다. 음식물에만 반응할 뿐 종소리에는 별로 반응하지 않는다. 따라서 이때의 종소리는 '중성자극'이다.

음식물을 줄 때마다 종소리를 들려주는 과정을 계속한다. 말하자면 음식물이라는 무조건자극과 종소리라는 중성자극을 개에게 동시에 가하는 것이다. 마침내―다 아는 대로―개는 음식물 없이 종소리만 들어도 침을 흘린다. 이때부터 종소리는 더 이상 중성자극이 아닌 '조건자극', 침 흘리는 반응은 무조건반사가 아닌 '조건반사'다.

몹시 미안하지만, 개 대신 소비자를 대입해보겠다. 소비자에게 어떤 제품 — 아이스크림이라고 하자 — 을 제시한다. 아이스크림 브랜드의 홍수 속에서 살고 있는 소비자는 처음 종소리를 듣는 개처럼 아주 특별한 경우가 아니고는 그 아이스크림에 별로 반응하지 않는다. 즉, 그 아이스크림은 중성자극이다.

개와 마찬가지로 인간에게도 무조건반사를 유발시키는 무조건자극이 있다. 배고플 때의 음식물, 목마를 때의 음료수가 그렇다. 아마 용변이 급할 때의 화장실도 그러할 것이다. 하지만 무조건자극이 반드시 생리적인 욕구에만 국한되는 것은 아니다. 어머니의 사랑, 친구 간의 우정, 고향에 대한 그리움, 어린 시절의 추억, 이성 간의 애정 등 인간이 무조건 반응하는 정서적인 자극들도 얼마든지 존재한다. 정신병자가 아닌 한 귀여운 아기를 보고 불쾌감을 느끼는 사람은 없을 것이다.

광고하려는 제품과 소비자들의 무조건반사를 연결하려는 시도를 '소구(訴求, appeal)'라고 한다. 광고에서 흔히 사용되는 소구의 종류로는 가격, 품질, 유명인, 자존심, 공포, 분노, 오감, 섹스, 사랑, 사회적 태도, 호기심 등이 있다. 예를 들어 '가격 소구' 광고에서는 같은 품질이면 사람은 무조건 싼 가격에 반응한다는 가정을 전제로 한다. '특별한 당신에게 어울리는 아파트'는 자존심에 소구하는 광고다.

앞서 말했던 아이스크림 광고에서 제품을 제시할 때마다 섹스를 연관시켰다고 가정하자. "아이스크림과 섹스라고?" 어리둥절해하던 소비자들은 시간이 흐르면서—파블로프의 개처럼—조건자극인 섹스에 의해 그 아이스크림에 조건반사한다. 그래서 하겐다즈 하면 아이스크림이 아니라 섹스가 먼저 연상된다. 마찬가지의 과정을 거쳐 다시다는 조미료가 아닌 '고향의 맛'이, 초코파이는 과자가 아닌 '정(情)'이 되었다.

빵이 줄 수 있는 그 이상의 가치

영국에 1887년부터 식빵을 만들어 판 빵 회사가 있었다. 이 회사의 맥아가 풍부하게 들어간 밀가루 제조 공법은 특허를 받았다. 회사 측은 당연히 이 자랑스러운 빵을 널리 알리고 싶어 했다. 그래서 이 빵의 상표명을 전국적으로 공모했는데, 허버트 그라임이라는 런던의 대학생이 당선되었다. 그가 출품한 상표명은 '인간의 힘'이라는 라틴어 hominis vis를 합성한 '호비스(Hovis)'였다. 그라임은 25파운드를 상금으로 받았고, 회사는 1918년부터 회사명까지 호비스로 바꾸었다.

우리가 상식적으로 생각하는 빵 광고는 어떤 모습일까? 우선 먹음직스러운 제품이 크게 보인다. 잼이나 버터를 듬뿍 바르는 모습도 나온다. 혹은 같이 먹을 햄이나 소시지가 지글지글 구워진다. 한 입 베어 문 아이가 만족스럽게 웃는다. 그것을 지켜본 부모가 뿌듯한 행복감에 젖어 서로 마주보며 미소를 띤다. 그리고 다 같이 맛있게 먹는다. 행복한 가정이 풍경화처럼 그려지는 가운데 호비스 로고가 등장한다.

호비스의 광고 중 가장 유명하고 사랑받는 1973년의 '자전거를 탄 소년'은 앞에서 말한 상식적인 접근법과 전혀 다르게 제작되었다. 〈에이리언〉〈블레이드 러너〉〈블랙 레인〉〈델마와 루이스〉〈지 아이 제인〉〈한니발〉〈글래디에이터〉〈블랙 호크 다운〉〈킹덤 오브 헤븐〉〈아메리칸 갱스터〉를 감독한 사람이 누구인지 아는가? 바로 리들리 스콧이다. '자전거를 탄 소년'은 너무나도 유명한 영국 출신 감독인 스콧이 연출했다. 그가 영화 외에도 많은 CF를 연출했다는 사실은 널리 알려져 있다.

1800년대 빅토리아 시대로 돌아간 듯한 영국의 작은 마을을 배경으로 앞치마를 두른 빵 가게 소년이 자전거로 빵을 배달하고 있다. 너무나 가파른 언덕길이기에 소년은 자전거에서 내려 자전거를 힘들게 끌고 올라간다. 그는 힘에 부치는 듯 잠시 멈춰 가쁜 숨을 내쉰다. 귀에 익은 드보르작의 〈신세계 교향곡〉 2악장 '꿈속의 고향'이 우리를 아련한 향수에 젖게 한다.

소년의 생각이 들려온다. '페고티 아줌마 댁만 가면 끝이야. 세상 꼭대기까지 가는 것 같아.' 이윽고 소년은 페고티 아줌마 댁에 도착해 빵을 전한다.

배달을 마치고 돌아오는 길, 내리막길이기 때문에 소년은 페달을 밟을 필요도 없이 두 다리를 활짝 벌리고 있다. 자전거는 쏜살같이 내려온다. '내려올 때는 너무 신나. 아저씨가 주전자에 물을 끓이고 따뜻한 호비스 빵을 준비해놓으셨을 거야.'

빵 가게에 도착한 소년을 뚱뚱한 주인아저씨가 다정하게 맞는다. 그리고 안으로 들어가 소년에게 호비스 빵을 차려준다. 소년은 아저씨가 입 버릇처럼 하던 말이 기억난다. "이 빵에는 맥아가 들어 있단다. 많이 먹으렴, 얘야. 그럼 저 언덕길도 내려올 때처럼 빨리 올라갈 수 있단다."

이윽고 아나운서의 음성이 들린다. "호비스 빵에는 다른 빵보다 맥아가 몇 배 더 들어 있습니다. 과거에도 그랬고 오늘도 여전히 호비스 빵은 건강에 좋습니다."

영국인들은 이 광고를 사랑했다. 촬영 장소였던 영국 남부의 도싯(Dorset)에 있는 오래된 마을 셰프츠베리(Shaftesbury)의 골드힐(Gold Hill)은 관광 명소가 되었다. 골드힐에 커다란 호비스 빵 모형이 세워지기도 했다. 소년으로 등장했던 당시 13세 칼 발로우는 나중에 이스트햄(East Ham)의 축구선수가 되었다. 2006년에는 호비스의 120주년을 기념하기 위해 이 광고가 10일 동안 TV에서 방영될 정도였다.

'자전거를 탄 소년' 광고가 영국인들에게 전해준 빵 그 이상의 가치는 과연 무엇이었을까? 다시 말해 무엇이 영국인들의 심금을 울렸을까?

그것은 무엇보다도 과거에 대한 향수였다. 제2차 세계대전 이후 미국에게 일등국 자리를 빼앗기고 계속되는 불경기와 파업에 시달리던 영국인들에게 '해가 지지 않던' 대영제국 시절은 돌아가고 싶은 과거임에 틀림없었다. 광고의 무대가 된, 꼬불꼬불한 언덕길로 이루어진 인구 7000명도 되지 않는 작은 마을 셰프츠베리의 풍경 자체가 빅토리아 시대의 영국을 그대로 느끼게 해주었다.

"과거에도 그랬고 오늘도 여전히 호비스 빵은 건강에 좋습니다"

호비스

또한 사람들은 이 광고에서 고향과 어린 시절이 줄 수 있는 푸근함과 추억을 맛보았다. 동전 몇 닢을 벌기 위해 자전거를 힘들게 끌며 빵을 배달하는 귀엽고 건강한 소년, 마음씨 좋은 빵집 아저씨, 여기저기 굴뚝에서 연기가 모락모락 피어 오르고, 저녁 짓는 고소한 냄새가 퍼져 나올 것 같은 평화로운 시골 풍경은 시대가 각박하고 어려울수록 가슴을 적시는 자극이었다. 그리고 그것이 바로 호비스에 대한 호감으로 이어졌다.

현재 호비스는 다양한 종류의 빵을 만든다. 하지만 당시 호비스에는 식빵 한 가지밖에 없었다. 식빵은 참으로 차별화가 어려운 제품이라고 할 수 있다. 호비스는 제품의 물리적 특성—오랜 역사, 맥아 함유 등—을 정서적 가치로 잘 포장해 차별화하는 데 성공했다. 그리고 빵이 줄 수 있는 그 이상의 가치를 소비자에게 전달했다.

중성자극이었던 빵 한 덩어리가 얼마나 성공적으로 조건자극이 되었는지를 말해주는 에피소드가 있다. 호비스에서는 '자전거를 탄 소년' 류의 광고를 몇 편 더 만들었는데, 그때도 역시 드보르작의 같은 멜로디를 배경음악으로 사용했다. 나중에 사람들은 '꿈속의 고향'이 아닌 '호비스 음악'이라는 말로 그 유명한 멜로디를 지칭하게 되었다.

현재 시장에는 품질의 차이가 거의 없는 제품들이 넘쳐난다. 이 말은 전통적인 문법으로 광고하기가 점점 어려워진다는 뜻이다.

예를 들어 자동차 기름 광고를 한다고 생각해보자. 브랜드는 있지만 품질에 차이가 나는 것도 아니고, 설사 품질에 차이가 있더라도 소비자에게 설명하기가 막막하다. 기름에는 형체나 디자인이 없기 때문이다. 사람의 몸에 들어가는 것이 아니니 직접 체험해볼 수도 없다.

그래서 자동차 기름 광고는 무조건자극과의 짝짓기를 모색하고 있다. '당신의 기분까지 채워드리고 싶습니다.' '착한 기름 이야기' '당신의 뜨거운 포옹을 위해 33리터' 등 지극히 비정서적인 제품이지만 광고만은 지극히 정서적으로 제작한다.

제품이 무조건자극이었던 시절도 있었다. 그때는 소금 장수가 오면 소금을 사고, 바늘 장수가 오면 바늘을 샀다. 제품 간의 물리적 차이가 없어 정서적 차이라도 만들려고 애쓰는 오늘날의 시장 상황에서 보면 한편 부럽기도 하다.

결국 광고란 제품이라는 중성자극을 조건자극으로 만들려는 시도다.

18 술보다 유명한 술병,
제품보다 유명한 광고

보드카는 감자나 밀, 보리, 호밀 등을 원료로 14세기 러시아의 수도원에서 처음 제조된 증류주의 일종이다. 러시아를 비롯해 북구, 발칸반도 국가들에서 보드카를 즐겨 마시는데 제2차 세계대전 이후 미국과 유럽에도 널리 퍼졌다. 보드카는 여러 번의 정제 과정을 거치기 때문에 무색, 무취, 무미한 것이 특징이다. 빛깔과 향, 맛이 없는데 도대체 보드카 광고에서는 무엇을 말해야 할까?

스웨덴 보드카 역사에서 빼놓을 수 없는 사람이 라스 올슨 스미스다. 그는 액체를 기화시켜 그 속의 불순물을 제거하는, 당시로서는 혁명적인 정류법을 고안하여 사용함으로써 보다 순수한 보드카를 주조했다. 그가 만든 보드카가 바로 오늘날 전 세계적으로 유명한 앱솔루트(Absolut)다.

1979년, 앱솔루트는 다른 프리미엄 보드카들보다 뒤늦게 미국 시장에 진출했다. 대부분의 수입업자들이 마치 링거 병처럼 생긴데다 이름도 알려지지 않은 앱솔루트의 취급을 외면했다. 결국 캐릴런(Carillon)이라는 회사가 앱솔루트의 미국 판매를 책임지게 되었다. 그리고 이 회사에는 미셸 루라는 이름을 가진 프랑스 출신 세일즈맨이 있었다.

스트라스부르대학교에서 호텔경영학을 전공한 뒤 미국으로 이민온 루는 아주 정열적인 사람이었다. 회사 업무가 끝나면 새벽까지 맨해튼의 술집들을 여덟 군데에서 열 군데까지 돌곤 하는 것이 그의 일상이었다. 그는 1981년 캐릴런의 사장이 되었다.

루는 미국 시장에서 별로 반응이 없는 앱솔루트를 활성화시키기 위해 유럽계 광고회사 TBWA에 광고를 의뢰했다. TBWA에서는 간단한 소비자조사를 실시했는데 그 결과는 다음과 같았다. 첫째, 술 이름이 마음에 들지 않는다. 비록 e자가 빠지긴 했으나, '절대적(Absolute)'이라는 브랜드명은 너무 오만하다. 이름을 바꾸는 것을 고려해보라. 둘째, 병 모양이 이상하다. 마치 오줌 샘플을 담는 병 같다. 병 디자인을 바꾸는 것을 고려해보라. 셋째, 로고에 약점이 많다. 푸른색 글자가 레이블도 없는 술병 표면에 바로 인쇄되어 있는데 그렇게 되면 선반 위에 진열했을 때 눈에 잘 들어오지 않는다. 로고를 바꾸는 것을 고려해보라.

보고를 들은 루의 반응은 아주 간단했다. "다 무시해! 적어도 딴 것처럼 보이지는 않잖아. 병 디자인은 그대로 갈 거야." 이렇게 해서 TBWA는 루의 생각대로 앱솔루트를 술이라기보다는 일종의 패션 액세서리처럼 만들어보기로 했다. 말 많은 술병 디자인 그 자체가 앱솔루트의 상징이 되어야 했다. 그러려면 당연히 술병을 광고의 주인공으로 삼아야 했다.

TBWA의 아트디렉터 죠프 헤이스가 앱솔루트 병에 후광을 그려 넣었다. 성인이나 천사에게만 있다고 여겨지는 후광이 제품의 완전성을 강조해주리라는 계산이었다. 그리고 자기 나름대로 '앱솔루트. 완벽한 보드카(Absolut. It's the perfect vodka)'라는 카피를 집어넣었다. 다음날 그는 자신의 이 시안을 카피라이터 그레이엄 터너에게 보여주었다. 터너는 이 평범한 카피를 과감하게 줄여 '절대적 완벽(Absolut Perfection)'으로 수정했다. 이것이 광고 역사상 가장 유명한 앱솔루트 캠페인의 시작이었다.

'절대적' 보드카의 등장

앱솔루트 광고의 포맷은 지극히 단순했다. 항상 술병이 주인공으로 등장한다. 약간의 소도구가 덧붙여지기도 하고, 위치와 크기 그리고 형태가 변형되기도 하는데 그 이유는 카피를 읽으면 이해된다. 카피는 언제나 술 이름이기도 하고 e자가 빠진 '완벽한'인 앱솔루트(Absolut)로 시작하며 그 다음에 한 단어, 많아야 두 단어가 붙을 뿐이다.

마술사들이 흔히 쓰는 모자 모양의 유리 용기 안에 얼음과 함께 앱솔루트가 한 병 보인다. 카피는 '절대적 마술(Absolut Magic)'이다. '절대적 오아시스(Absolut Oasis)'라는 카피 아래에는 앱솔루트 병이 마치 신기루처럼 어른어른하게 허공에 떠 있다. 앱솔루트 병을 쇠사슬로 꽁꽁 묶고 자물쇠까지 채운 이미지에는 '절대적 처녀(Absolut

Chastity)', 강력 접착제로 앱솔루트 병을 바닥에 단단하게 붙인 이미지에는 '절대적 잔인성(Absolut Cruelty)'이라는 카피가 붙어 있다. 앱솔루트 병 안에 술이 반만 채워져 있고 '절대적 낙관주의자/비관주의자(Absolut Optimist/Pessimist)'라는 카피가 보인다. 앱솔루트 병에 인쇄된 로고와 글자들이 마개와 함께 흩어져 날아간다. '절대적 가을(Absolut Autumn)'이다.

일찍이 보지 못했던 기지에 찬 앱솔루트 캠페인은 굉장한 반응을 이끌어냈다. 언론에서 떠들어댄 것은 물론, 앱솔루트의 소비자가 될 수 없는 어린 학생들까지 도서관의 잡지에서 광고를 몰래 오려 서로 돌려 보거나 교환하고 매매했다. 그러자 학생들이 오리지 못하도록, 즉 상품가치를 없애기 위해 도서관 사서들은 앱솔루트 광고에 검은 매직으로 줄을 긋기도 했다. 이때만 해도 절묘한 광고를 보면 오려서 액자에 넣어 걸어두는 사람들이 흔했다. 앱솔루트 광고라면 수단과 방법을 가리지 않고 수집하는 이른바 '광팬'들도 곳곳에서 생겨났다.

앱솔루트 광고는 예술과 광고의 벽까지 허물었다. 1985년, 팝아트의 거장 앤디 워홀이 '절대적 워홀(Absolut Warhol)'을 만든 것을 시작으로 세계적인 예술가들이 앱솔루트 병을 소재로 작품을 만들고 있다. 앱솔루트는 경제적으로 그들을 지원한다. 물론 작품에 앱솔루트 병이 보여야 한다는 조건 하에서다. 루의 소원대로 앱솔루트는 패션이 되었다.

미국 시장에 진출한 지 6년도 채 되지 않은 1985년, 앱솔루트는 미국 수입 보드카 시장에서 1위를 차지했다. 앱솔루트는 미국에서

"절대적 완벽"
앱솔루트 보드카

의 성공을 발판으로 유럽과 아시아로 시장을 넓혀나갔다. 이때 그 유명한 앱솔루트의 '지명 광고'가 등장했다. 기존의 광고 포맷을 새로 진출한 지역의 지명과 결합시켰던 것이다.

앱솔루트 병 모양을 한 고대 신전이 세워졌다. 카피는 '절대적 아테네(Absolut Athens)'다. '절대적 바스티유(Absolut Bastille)'라는 카피 아래 앱솔루트 술병의 목이 댕강 잘려져 바닥에 떨어져 있다. 주변의 바닥에는 술 몇 방울이 마치 피처럼 흩어져 있다. 푸른 하늘에 태극 문양이 선명한 연이 떠다닌다. 연 가운데 앱솔루트 병 모양의 빈 공간이 있다. 물론 카피는 '절대적 서울(Absolut Seoul)'이다. 그 밑에 작은 글자로 "앱솔루트 보드카는 국내 어느 곳에서나 최고의 선택입니다. 스트레이트나 언더락스 또는 간단한 음료나 칵테일로 즐기십시오"라는 다소 어색한 설명이 붙어 있다.

나는 광고 일을 하면서 모든 결정을 사내 투표에 붙이거나 소비자 자문단에 의존하는 사장을 많이 보아왔다. 심한 경우, 일 년에 수백억 원의 광고 예산을 집행할 광고회사를 입사 3년 차 이하 신입사원들의 투표로 선정하기도 했다. 다음과 같은 논리 때문이다. 우리의 소비자는 주부들이다, 그러니까 주부의 눈으로 봐야 한다. 우리의 소비자는 젊은 층이다, 그러니까 젊은 눈으로 판단해야 한다. 그런데 과연 그럴까?

여기서 매우 유명한 라퐁텐 우화를 하나 소개하려고 한다.

어느 장날, 늙은 방앗간 주인과 그의 아들이 집에서 키우던 당나귀를 팔러 길을 나섰다. 가능한 한 당나귀가 건강하게 보여 비싸게 팔렸으면 하는 생각에 둘은 당나귀를 막대기에 묶어 어깨에 메고

갔다.

그들을 본 사람들이 비웃기 시작했다. "이 사람들 무슨 연극하는 거야? 바보도 이런 바보가 또 있을까." 주인은 당나귀를 풀어 걷게 하고 자기 아들을 그 위에 태웠다. "저런! 젊은 놈이 편히 앉아 가고 늙은이가 걸어가는구나. 어서 냉큼 내리지 못할까!"

이윽고 아들이 내리고 주인이 당나귀에 탔다. "아니, 어린애가 저렇게 절뚝거리며 걸어가는데 저 놈의 영감은 당나귀 등에서 의젓하게 잘난 척하다니!"

주인은 할 수 없이 아들을 자기 뒤에 태웠다. "뭐야, 말 못하는 짐승이라고 너무들 하는구먼! 불쌍한 당나귀에 둘씩이나 타다니, 시장에 가면 가죽밖에 팔 게 없겠네."

그들은 둘 다 내렸다. "아니, 저 꼴 좀 보게! 짐승은 편안하게 걸어가는데 늙은 노인과 어린아이는 힘들게 끙끙거리고 있잖아. 구두를 닳게 하면서 당나귀를 안 써먹을 무슨 이유라도 있는 거야?"

마침내 주인은 외쳤다. "나는 바보였소. 이제부터는 남이 뭐라고 하든, 칭찬을 하든지 욕을 하든지 간에 내가 생각하는 일만 할 것이오." 그 이후 방앗간 주인은 하는 일마다 결과가 좋았다고 한다.

소비자들은 이 이야기에 나오는 행인들처럼 변덕스럽다. 조사를 통해 이들의 마음속을 밝히는 것은 무척이나 어렵다. 조사라는 것을 알고 대답하는 소비자들은 대개 면접자의 의도를 존중해 긍정적으로 답변해주거나, 의무감에서 생각나는 대로 문제점을 만들기도 한다. 그리고 포커스 그룹 인터뷰에서는 사회자의 미숙이나 참여자 간에 발생하는 상호작용에 의해 괴상한 결론이 나기도 한다.

따라서 중요한 의사 결정을 전적으로 소비자조사에 의존하면 커다란 재앙을 불러일으킬 수 있다. 실제로 광고 역사의 수많은 성공 사례에서는 대부분 조사를 무시했다. 그럴 수 있는 배짱과 결단력과 통찰력이 누군가에게는 있었던 것이다. 따라서 신화가 된 앱솔루트 캠페인의 성공은 '오줌 샘플 담는 것 같은 술병'이라는 조사 결과를 단칼에 무시한 미셸 루에게 그 공이 돌아가야 할 것이다.

　일시적이고도 변덕스러운 미의 기준을 좇아 자꾸만 얼굴을 뜯어고치면 얼굴이 남아나지 않을 것이다. 지금의 내 얼굴을 나만의 개성으로 만드는 현명함이 회사와 개인에게 필요하다.

19 한 사람은 비극, 백 사람은 통계

놀랍게도 인간이 숫자를 사용하기 시작한 것은 기원전 3만 년부터라고 한다. 고대 바빌로니아와 이집트에서 이미 0을 사용했고, 기원전 100년 무렵에는 음수(陰數)까지 등장했다고 하니 인간의 추상화능력에 그저 경탄할 뿐이다.

전에 일했던 회사의 사장 중에 숫자를 굉장히 숭배하는 사람이 있었다. 그는 보고를 받을 때나 회의 때 "경영은 숫자야, 숫자!"라는 말을 무슨 주문처럼 한 번도 빠뜨리지 않았다. 심지어 그는 모든 것을 계량화하기를 원했다. "경영은 숫자야, 숫자!" 하며 잰걸음으로 회사 안을 부산하게 왔다 갔다 하는 그를 볼 때마다 나는 생텍쥐페리의 《어린 왕자》에 나오는 상인이 생각나곤 했다.

어린 왕자가 한 상인을 만났다. 그는 목마름을 해소시키는 알약을 팔고 있었다. 일주일에 한 알만 먹으면 갈증이 나지 않는다고 하면서 말이다. "왜 그런 약을 팔아요?" 어린 왕자가 물었다. "이건 시간을 엄청나게 절약시켜 준단다. 전문가들이 계산을 했는데, 일주일에 무려 53분을 절약할 수 있다는 거야." 상인이 대답했다. "그럼 그 53분으로 뭘 하는데요?" 어린왕자가 다시 물었다. "그야 뭐, 하고 싶은 일을…." 상인은 말을 얼버무렸다. '나에게 53분이 주어진다면 천천히 샘이 있는 쪽으로 걸어 갈 텐데….' 어린왕자는 혼자 중얼거렸다.

그러나 숫자가 백 마디 말보다 더 강력한 위력을 발휘하는 경우가 없지는 않다. 그 숫자의 의미가 구체적인 형상으로 다가올 때, 그리고 그 형상이 공감을 얻을 때가 그렇다.

별명이 '버드(Bird)'인 찰리 파커는 비밥(bebop)의 발전에 결정적인 역할을 한 전설적인 재즈 뮤지션이다. 사실인지 아닌지 모르겠지만, 우연한 기회에 찰리 파커의 연주를 들은 어린 클린트 이스트우드는 크게 감명을 받았고, 나중에 어른이 되면 그에 관한 영화를 만들겠다고 굳게 결심했다고 한다. 어쨌든 1988년 골든 글로브 감독상을 받은 클린트 이스트우드의 〈버드〉는 찰리 파커에 관한 영화다.

1955년 3월 12일, 파커는 뉴욕의 패노니카 남작 부인의 거처를 찾아갔다. '니카'라는 애칭으로 불렸던 패노니카는 당시 재즈 뮤지션들의 가장 유명한 후원자이자 친구였다. 파커는 그녀의 집에서 TV를 보다가 그대로 숨을 거뒀다.

파커가 사망했다는 신고를 받은 경찰과 검시관이 도착했다. 검시를 마친 검시관이 전화로 보고를 했다. "죽은 사람은 뚱뚱한 흑인, 나이는 65세 정도…." 옆에 서 있던 패노니카는 어이없다는 표정으로 검시관에게 말했다. "이 사람은 34세예요."

일찍이 빠져든 마약중독, 계속되는 경찰의 체포와 석방, 마약을 끊기 위해 새롭게 빠져든 알코올중독, 돈을 벌기 위해 무자비하게 진행할 수밖에 없었던 연주와 녹음, 6개월이나 지속된 정신병원 생활, 사랑하는 어린 딸의 죽음, 불행한 결혼 생활, 몇 번의 자살 기도… 이 모두를 그 어떤 문장보다도 충격적으로 65와 34라는 두 숫자가 말하고 있는 것이다.

《어린 왕자》에는 "어른들은 숫자를 좋아한다"라는 유명한 구절이 나온다. 어쨌든 숫자는 그대로 두면 추상적인 것에 불과하다. 숫자가 크면 클수록 더욱 그렇다. 빛의 속도가 초속 2억 9979만 2458미터라고 하는데, 이런 사실을 대해도 별다른 느낌이 없다. '눈 깜짝할 사이'에 지구를 일곱 바퀴 반이나 돌고, 달까지 가는데 약 1초, 태양까지 가는데 8분 정도밖에 걸리지 않는다고 해야 "와, 빠르다!" 하고 감탄한다. 추상적인 숫자가 어떤 구체적인 실체로 느껴지기 때문이다.

중국인들이 8을 좋아하는 이유는 '재산이나 돈이 생겨나다'라는 뜻의 발(發)과 팔(八)이 각각 '파'와 '바'로 발음이 비슷하기 때문이다. 마찬가지로 '길고 오래가다'라는 뜻을 가진 구(久)의 발음 '지우'가 구(九)와 정확히 일치하기 때문에 9가 들어가는 자동차 번호판을 못 사서 안달한다. 4는 물론 사(死)와 발음이 같기 때문에 중국뿐 아니라 우리나라와 일본도 금기시한다. 이처럼 숫자는 그 자체로서가 아니라 무엇인가와 연결되었을 때 의미가 생긴다.

그래서 한 집마다 한 등을 끄면 일 년 동안 국가적으로 얼마만큼

의 전력이 절약된다는 식의 단순한 홍보 캠페인이 국민들에게 별 호
응을 얻지 못하는 것이다. 그 천문학적인 숫자가 피부에 와 닿을 리
없다. "한 사람의 죽음은 비극이지만 백 사람의 죽음은 통계에 불과
하다." 소련의 독재자 스탈린이 한 말이다.

구체화시킨 숫자를 감동으로 전달하다

브리티시에어웨이는 원래 1974년 기존의 4개 항공사가 노동당 정
부에 의해 합병되어 생긴 영국의 국영 항공사였다. 1979년 정권을
잡은 보수당의 대처 총리는 개인의 자유 확대, 정부의 과도한 경제
간섭 중지, 통화 발행 축소 등의 정책을 폈다. 그 일환으로 브리티
시에어웨이도 민영화가 예정되어 있었다.

대처 총리의 선거 캠페인을 도왔던 사치앤사치가 브리티시에어
웨이 광고를 맡은 1982년, 그 항공사는 적자 상태였으며 이미지도
결코 좋다고 할 수가 없었다. 사람들은 브리티시에어웨이가 최신 기
종을 보유하고 규모와 경험을 갖춘 항공사임은 알고 있었으나 친근
감과 기내 서비스, 시간 엄수 등에서는 많은 불만을 터뜨렸다. 더구
나 배려가 부족하고 시간만 질질 끄는 관료주의적 인상 때문에 브
리티시에어웨이의 줄임말인 BA가 '지독하고 끔찍한(bloody awful)'
의 약자라고 비꼬기도 했다.

이런 상황에서 어떻게 브리티시에어웨이가 실제로는 세계 일류
의 항공사라는 사실을 전달할 수 있을까? 석양을 등지고 멋있게 이
륙하는 비행기, 너무나도 사랑스러운 스튜어디스의 미소, 샴페인을
곁들인 호화로운 기내식, 다리를 쭉 뻗어도 넉넉한 안락한 좌석, 행

복한 표정으로 잠든 승객에게 담요를 덮어주고 다독거리는 감동적인 배려… 지금도 흔히 볼 수 있는 이런 류의 광고로 이미지 개선이 가능할까?

당시 브리티시에어웨이는 그 어느 항공사보다 많은 노선을 운항했으며 취급 승객 수도 많았다. 특히 세계적으로 가장 붐비는 런던과 뉴욕 노선에서는 브리티시에어웨이가 압도적이었다. 사치앤사치는 이러한 점을 강조하기 위해 '세계가 좋아하는 항공사(World's favorite airline)'라는 슬로건을 만들었다. 그리고 마침내 1983년 4월, 전 세계를 깜짝 놀라게 한 90초짜리 CF가 영국에서 방영되었다.

어둡고 쓸쓸한 도시의 뒷길에서 중년의 한 사내가 개를 끌고 산책하고 있다. 장면은 공항의 관제탑 안으로 바뀌고 관제사가 무표정한 얼굴로 지시한다. "알았다, 맨해튼. 고도를 8, 0으로 유지하라." 이어 기계적인 음성이 들린다. "알았다, 고도 8, 0을 유지하겠다."

산책하던 개가 하늘에서 무엇을 봤는지 멈춰 서서 짓기 시작한다. 사내도 웬일인가 싶어 하늘을 쳐다본다. 거대한 섬광이 보이고 불길한 굉음이 들려온다. 놀란 사내는 그 자리에 얼어붙어 개와 함께 하늘을 쳐다본다.

으슥한 골목길에서 서로 포옹하고 있던 연인들이 갑작스런 섬광의 출현에 놀라 서로에게서 떨어져 하늘을 쳐다본다. 오토바이를 세우고 뭔가를 우걱우걱 씹던 사내가 길바닥에 고인 물에 반사된 이상한 비행체에 놀라 입을 떡 벌리고 하늘로 겁먹은 시선을 돌린다. 현관문으로 나온 주부도 놀라 하늘을 쳐다본다. 눈을 멀게 할 것 같은 강렬한 빛과 엄청난 굉음이 이들을 뒤덮는다. 무엇인가 거대한 것이 하늘에서 내려오고 있다.

"알고 보면, 우리가 매년 대서양을 가로지르며 모시는 승객의 수는 맨해튼 전체 인구보다 많습니다"
브리티시에어웨이, 세계가 좋아하는 항공사

다시 관제탑의 관제사가 보인다. "잘하고 있다, 맨해튼. 1, 2, 0으로 계속 레이더 지시를 따르라. 알았다, 맨해튼. 2000피트를 유지하고 속도를 1, 7, 0으로 줄여라."

이어 아나운서의 음성이 들린다. "매년 더 많은 승객이, 더 많은 국가로 여행하기 위해 브리티시에어웨이를 이용합니다."

서서히 거대한 비행 물체의 정체가 드러난다. 놀랍게도 미야자키 하야오의 〈천공의 성 라퓨타〉처럼 맨해튼이 통째로 날아오고 있다. 나중에 테러에 의해 파괴되는 유명한 세계무역센터 쌍둥이 빌딩도 보인다.

"맨해튼은 2000피트 확보했다." "알았다, 맨해튼. 이제 착륙해도 좋다. 우측 2, 8이다." 영화 〈클로즈 인카운터〉에서 UFO의 착륙을 목격한 주민들처럼 사람들은 혼이 빠져 거대한 섬광이 그들에게 다가오고 있는 것을 바라만 본다. 맨해튼은 도시를 덮칠 듯 내려와 마침내 히드로공항의 활주로에 착륙한다.

아나운서가 말한다. "알고 보면, 우리가 매년 대서양을 가로지르며 모시는 승객의 수는 맨해튼 전체 인구보다 많습니다. 브리티시에어웨이, 세계가 좋아하는 항공사."

브리티시에어웨이의 황금 노선인 런던 – 뉴욕 구간을 이용하는 승객은 연간 약 150만 명이었다. 자칫 의미 없을 수 있는 이 숫자가 사치앤사치의 직접적이고도 단순한, 그러면서도 공격적인 크리에이티브에 의해 회사(브리티시에어웨이뿐만 아니라 사치앤사치까지)의 가치를 한껏 높여준 스펙터클로 탄생한 것이다. 날아오는 것이 맨해튼이었기 때문에 런던 – 뉴욕 구간을 효과적으로 홍보할 수 있었다.

당시 이 광고는 전 세계적으로 화제를 모았으며 광고의 블록버스터로 지금까지도 많은 팬을 유지하고 있다. (사치앤사치가 이 광고를 시작으로 야심차게 세계 정복의 길로 나선 이야기는 16장에 나온다.) 1987년, 브리티시에어웨이는 성공적으로 민영화를 마무리 지었다.

숫자 자체가 경영일 수 없다. 그보다는 숫자의 의미를 어떻게 구체화시키고, 어떤 감동으로 전달할 것인가가 중요하다. 그것이 바로 경영자가 해야 할 일이다. 그래서 세상은 경영자에게 대차대조표를 읽을 수 있는 능력보다는, 인간에 대한 통찰과 상상력을 요구한다.

'창조적 경영'의 본질은 아마 이런 것이 아닐까.

20 반항하지 않는 것은 청바지가 아니다

우리가 흔히 청바지라고 부르는 진(jeans)은 이탈리아의 제노바에서 그 명칭이 유래되었다. 프랑스에서는 제노바를 젠느(Gênes)로 표기하는데, '젠느에서 생산되는 푸른 작업복(bleu de Gênes)'이라는 의미의 불어가 진이라는 단어로 발전했다.

청바지의 원단은 대개 데님(denim)이라고 불리는, 억센 면 능직이다. 이 천은 프랑스 남부의 오래된 도시 님(Nîmes)에서 처음 생산되기 시작했고, 그래서 '세르지 드 님(serge de Nîmes, 님의 서지)'으로 알려졌다. 이것이 세계 곳곳으로 퍼져나가 유명해지면서 데님이라는 축약된 보통명사가 생겼다.

그러나 진정한 청바지의 역사는 유태계 독일인으로 태어나 미국으로 이민을 온 리바이 스트라우스로부터 시작됐다. 그는 1853년 캘리포니아 산호세에 세계 최초의 청바지 회사를 설립한 역사적인 인물이다.

뉴욕에서 형제들과 함께 포목상을 하던 리바이는 매부의 초청으로 샌프란시스코로 이주했다. 당시 캘리포니아는 한창 골드러시의 열기가 달아오르고 있었다. 사람들은 황금을 꿈꾸며 서부로 몰려왔다. 리바이 역시 서부에서 한몫 잡겠다는 야심을 품고 있었다.

그 당시만 해도 철도가 대륙을 횡단하지 못했고, 파나마 운하도 없었다. 뉴욕에서 샌프란시스코로 가려면 배를 타고 남미 대륙을 빙돌아야 했다. 5개월이나 걸리는 길고도 긴 여정이었다. 리바이는 가지고 있던 대부분의 물건을 같이 배를 탄 승객들에게 팔았다. 샌프란시스코에 도착했을 때 그에게 남은 것이라곤 텐트나 마차 덮개를만들 때 쓰이는 범포(帆布)뿐이었다.

금광에서 일하는 광부들이 바지가 너무 쉽게 헤진다고 불평하는것을 들은 리바이는 범포로 바지를 만들어 팔았다. 그런데 사람들의 반응이 너무도 좋았다. 그는 범포를 더 보내달라고 뉴욕의 형제들에게 연락했다. 범포를 구하지 못한 가족들은 대신 데님을 보내주었다. 데님은 범포보다 훨씬 좋은 원단이었고, 곧 리바이의 청바지는 캘리포니아 일대에서 큰 인기를 얻었다.

리바이의 고객 중에는 제이콥 데이비스라는 재단사가 있었다. 주머니에 이것저것 잔뜩 쑤셔 넣고 일해야 하는 광부들은 주머니가 자주 터진다고 불만을 터뜨렸는데, 데이비스는 주머니 네 귀퉁이를 구리 못으로 단단하게 고정시키면 이 문제를 해결할 수 있다는 아이디어를 냈다. 그는 자신의 아이디어로 특허를 받고자 했으나 돈이 없었다. 그래서 그는 함께 사업을 하는 조건으로 리바이에게 이 아이디어를 넘겼다. 리바이의 회사는 주머니에 구리 못을 고정시키는 아이디어로 1873년에 특허를 받았다.

이렇게 해서 체형에 맞게 줄어들고, 잘 구겨지지 않으며, 지퍼 대신 단추를 쓰고, 주머니 귀퉁이를 구리 못으로 고정시킨 '리바이스 501'이 탄생했다. 만약 청바지에 족보가 있다면 리바이스 501이야말로 시조라고 할 수 있다.

험한 일을 하는 노동자나 해군 등의 작업복으로 사용되던 청바지는 1950년대가 되면서 미국 청년 문화의 상징으로 부상했다. 십 대를 비롯한 젊은 층들이 기성세대에 대한 반항과 반감의 표시로 청바지를 입기 시작했다. 기성세대들은 청바지를 버릇없고 불량한 것으로 간주했고, 식당이나 극장 앞에 '청바지 착용자 입장 불가'라는 팻말을 붙이기도 했다. 우리나라의 1970년대 청바지 문화도 같은 맥락이라고 할 수 있다.

그러나 청바지 착용은 1960년대부터 점점 일반화되어 1970년대가 되면서 미국의 일반적인 패션으로 자리 잡았다. 1970년대 중반 '스톤워싱(stone-washing)' 공법이 개발되면서 청바지 패션은 일대 혁신을 맞았다. 스톤워싱이란 글자 그대로 커다란 공업용 드럼 안에 원단과 자갈을 함께 넣고 세탁하는 것을 말한다. 이 과정을 거친 원단으로 만든 옷은 마치 오래 입은 것처럼 올이 풀리고 구멍이 나며 빛바랜 느낌이 난다. 스톤워싱을 거친 청바지는 20세기 후반의 패션 아이콘이었으며, 왜 멀쩡한 옷에 구멍을 내서 입는지 모르겠다고 혀를 끌끌 차는 기성세대에 대한 일종의 '똥침'이었다. 1980년대 미국의 팝스타들은 약속이나 한 듯 누구나 스톤워싱된 청바지를 입었다.

미국의 청바지 문화는 유럽으로도 전파되어 젊은이들에게 폭발적인 호응을 얻었다. 우리나라에 몇 번 방문한 적이 있는 벨기에 출신 샹송 가수 아다모가 1963년 발표한 노래 〈블루진과 가죽 잠바〉도 그때의 분위기를 잘 나타낸다. "…청바지와 가죽 잠바를 입으면, 넌 뭘 해도 된다고 믿지. 그렇지 않다고 말해줄 수도 없어. 네 자존심이 상처 입을 테니까. 청바지와 가죽 잠바를 입으면, 넌 모든 여자애들을 괴롭히지…."

그러나 1980년대부터 유럽에서의 청바지 열기는 식기 시작했다. 젊음과 반항의 상징은 펑크로 옮겨갔으며, 디자이너 브랜드들이 속속 등장하여 기존의 청바지 브랜드들을 위협했다. 유럽의 젊은이들에게 청바지는 아저씨들이나 입는 옷이었다.

청바지의 뿌리로 돌아가다

유럽에서 점점 떨어지는 매출을 올리기 위해 리바이 스트라우스는 런던의 신생 광고회사 바틀보글헤가티(BBH, Bartle Bogle Hegarty)를 새 파트너로 선정했다.

바틀보글헤가티가 제안한 전략은 이랬다. 청바지는 누가 뭐래도 미국적이다. 또한 청바지는 1950년대의 십 대 문화와 떼려야 뗄 수 없는 관계를 맺고 있다. 이 뿌리를 부정해서는 안 된다, 오히려 이 뿌리를 새로운 방식으로 알려야 한다. 어중간하게 패션 광고 흉내를 내서는 안 된다….

1950년대 분위기가 물씬 풍기는 배경음악이 들린다. 동전을 넣고 빨래를 하는 빨래방 문을 열고 한 청년이 들어온다. 청바지에 검은 선글라스, 포마드 바른 머리의 약간은 불량스러워 보이는 청년이다. 빨래가 끝나기를 기다리며 앉아 있던 손님들의 시선이 그에게로 향한다. 그도 선글라스를 벗으며 손님들을 '쿨 하게' 훑어본다.

비어 있는 세탁기 앞으로 간 그는 동전을 넣는다. 그리고 종이봉투에 넣어 가져온 자갈을 세탁기 안에 쏟아붓는다. 엄마를 따라왔던 조무래기들이 신기해하며 그 앞으로 모여든다. 청년은 그런 아이들을 역시 '쿨 하게' 슬쩍 쳐다본다. 엄마가 황급히 아이들을 데려간다.

자갈을 쏟아부은 청년은 셔츠를 벗어 세탁기 안에 넣는다. 손님들은 그의 벌거벗은 상반신을 흘끔흘끔 살핀다. 청년은 청바지 뒷주머니에 접어 넣었던 잡지를 꺼내 선반 위에 놓는다. 그러더니 바지 벨트를 푼다. 여자들이 킥킥거리며 수군거린다. 청년은 리바이스 501 청바지의 단추를 하나하나 푼다. 그러더니 마침내 바지를 벗어 세탁기 안에 집어넣는다. 아줌마들은 놀라 어쩔 줄 모르는 표정들이고 젊은 여자들은 계속 킥킥거린다.

흰색 복서 팬티만 입은 청년은 아무 일 없다는 듯이 잡지를 들고 손님들 틈에 유유히 끼어 앉는다. 옆자리의 뚱뚱한 아저씨가 어이 없다는 눈길로 청년을 바라보지만 청년도 지지 않고 그를 마주 본다. 그리고 잡지를 읽기 시작한다.

리바이스 501 청바지 로고와 제품이 '체형에 맞게 줄어드는 오리지널 진. 스톤워싱 제품도 있습니다'란 자막과 함께 보인다.

대사 없이 진행되는 이 광고는 여러 가지 면에서 놀라운 성과를 거두었다. 광고가 시작된 1986년부터 리바이스 진의 매출은 오르기 시작했고, 1987년의 매출은 1984년에 비해 무려 20배나 높아졌다.

남의 시선을 의식하지 않고 태연히 팬티 차림으로 앉아 청바지를 스톤워싱하는 뻔뻔한 젊은이 역을 한 영국의 가수이자 모델 닉 케이먼은 일약 스타가 되었다. 삼각팬티밖에 모르던 남자들은 광고에서 케이먼이 입고 있던 흰색 복서 팬티로 바꾸어 입었다. 여자들은 그가 나온 광고 포스터를 몰래 떼어갔다. 이 광고로 인해 1986년 한 해 동안 팔린 복서 팬티가 200만 장이었다는 통계도 있다. 복서 팬티 생산업체로서는 이게 웬 떡인가 싶었을 것이다.

배경음악인 미국의 흑인 가수 마빈 게이가 부른 소울 풍의 〈소문으로 들었어〉도 20년 만에 다시 인기를 얻어 순위가 치솟았다.

결국 영국에서 청바지를 팔 수 있었던 비결은, 영국에는 결코 존재하지 않았던 1950년대의 미국식 십 대 문화였다. 이 광고는 사람들이 청바지에서 기대하는 가치와 청바지를 입을 때 느끼고 싶은 기분, 즉 청바지의 본질을 부정하지 않았다. 오히려 그것을 매력적이고도 유머러스하게 강조했다.

대통령도 청바지를 입는 미국에서는 일인당 평균 7벌의 청바지를 소유하고 있다고 한다. 이브 생 로랑은 자신이 옷을 통해 표현하고 싶은 모든 것, 즉 표정, 검소함, 성적 매력 그리고 단순함을 청바지가 모두 갖추고 있다고 극찬하기도 했다.

오늘날 전 세계적으로 신문이 위기라고 한다. 신문사들은 살아남기 위해 지면을 줄이고, 판형과 활자체를 바꾸고, 섹션을 나누고, 사진을 더 많이 싣는 등 눈물겨운 노력을 기울인다. 잡지, TV, 인터넷

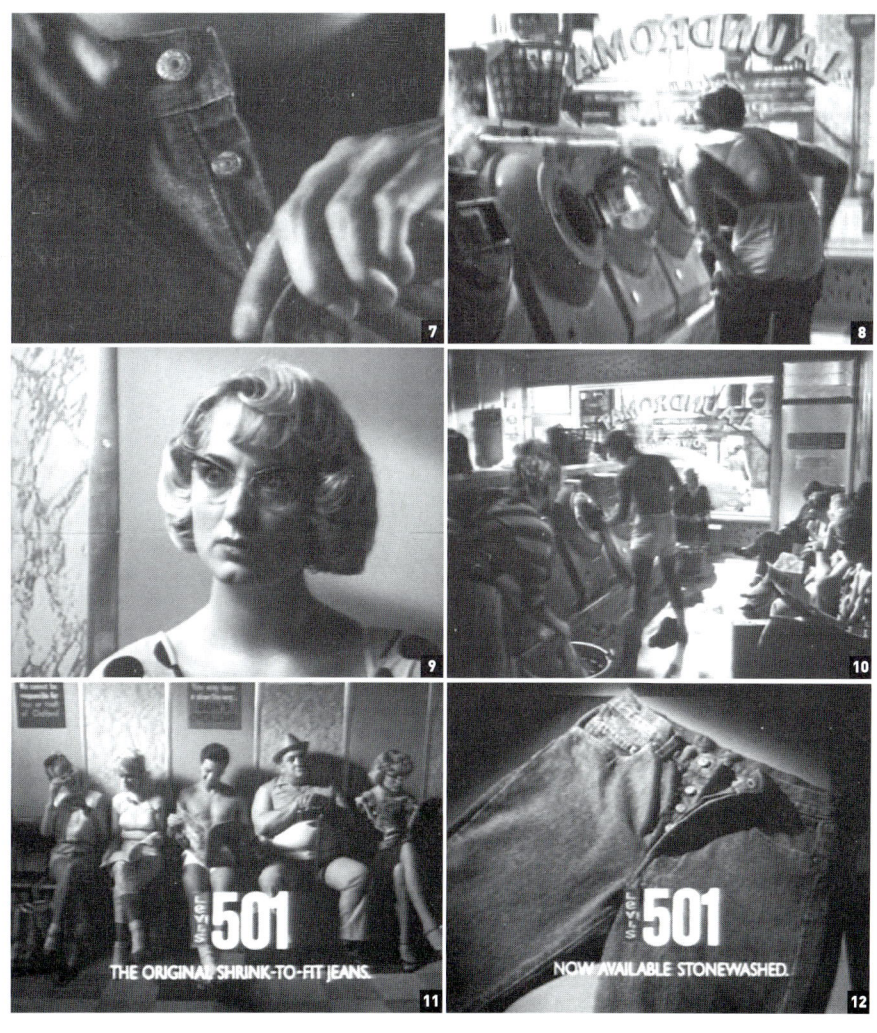

"체형에 맞게 줄어드는 오리지널 진 스톤워싱 제품도 있습니다"
리바이스 501 청바지

등과 경쟁을 하고 있는 것이다. 과연 이런 경쟁에서 신문이 승리할 수 있을까? 사람들이 원하는 신문 본래의 가치가 점점 희석된다면, 오히려 경쟁에서 밀려날 수도 있다.

즉, 모든 것은 뿌리로 돌아가야 한다. 제품이 청바지나 신문이 아닌 다른 무엇이든 간에 사람들이 정말로 원하는 것은 본연의 가치다. 신문이 보도의 신속성을 놓고 TV나 인터넷과 경쟁할 수 없듯이, 리바이스 청바지가 도나 카란(Donna Karan)과 경쟁할 수 없다. 사람들은 각각으로부터 원하는 것이 다름을 명심하자.

미래의 프레임으로 보라

21 옷이 아니라 충격을 팔았다

1990년대, 전 세계적으로 뜨거운 논쟁과 논란을 일으킨 광고계의 이단아가 등장했다. 바로 이탈리아의 의류업체 베네통이다. 광고가 얼마나 끔찍하고 충격적이었는지 세계 곳곳에서 불매운동이 벌어질 정도였다. 제품과 하등의 관련성이 없어 보이는 도전적인 광고 문법에 많은 광고인이 어쩔 줄을 몰라 했다.

오늘날 UCB(United Colors of Benetton), 시슬리(Sisley), 플레이라이프(PlayLife), 노르디카(Nordica), 프린스(Prince), 롤러블레이드(Rollerblade), 킬러루프(Killer Loop) 등의 브랜드를 보유한 베네통 그룹은 1955년 이탈리아 북부의 작은 도시 트레비소(Treviso)에서 소규모 가족기업으로 출발했다.

가정 형편이 어려워 학교를 그만둔 루치아노 베네통은 세일즈맨이 되어 돈을 벌었다. 그의 누이동생인 줄리아나는 그 지역 옷 공장에서 일했다. 줄리아나는 뜨개질 솜씨가 좋았다. 루치아노가 누이동생이 짜준 화려한 색상의 스웨터를 입고 나가면 모두가 그 옷을 부러워했다.

마침내 오빠와 누이동생은 자신들의 회사를 설립할 것을 결심했다. 중고 편물기 한 대로 시작한 베네통의 스웨터 사업은 호응을 얻었다. 사업이 점점 커지면서 루치아노의 나머지 동생들인 질베르토와 카를로도 회사에 합류했다. 1965년을 기점으로 베네통은 파리에서 전 세계로 뻗어나갔다.

1982년, 베네통은 패션 사진으로 명성을 얻고 있던 이탈리아 출신 사진사 올리비에로 토스카니를 고용하여 광고를 맡겼다. 그리고 모든 것은 그로부터 시작되었다. 언제나 "나는 광고인이 아니다. 나는 사진사다"라고 주장한 토스카니가 1990년대 가장 뜨거운 광고 논쟁에 불을 붙였던 것이다.

토스카니의 광고가 처음부터 과격했던 것은 아니다. 제품이 가진 다양한 색깔과 인종이 가진 다양한 색깔을 대비시킨 광고들은 인종차별에 반대하는 뉘앙스를 풍겼기에 어떤 논쟁도 없었다. 유명한 슬로건이자 나중에 브랜드가 된 'United Colors of Benetton'도 이때 창작되었다.

마침내 토스카니는 광고에서 제품을 빼기로 결정했다. 이때부터 그의 광고는 논쟁을 불러일으키기에 충분한 사진 한 장으로만 진행되었다. 제품이나 사진에 대한 어떤 설명도 없었고, 그것이 광고임을 보여주는 것은 아주 작게 처리된 유일한 카피 'United Colors of Benetton'뿐이었다. "모든 스웨터는 소매가 둘이고, 울(wool)은 울이다. 제품은 다 그게 그거다. 차이는 커뮤니케이션에 있다." 토스카니의 말이다.

흑인과 백인의 손이 한 수갑에 함께 채워져 있다. 흑인 여성이 백인 아기에게 젖을 물린다. 이 광고가 흑인들의 노예 시절을 연상시킨다는 비난이 쏟아졌으나, 베네통은 오히려 인류의 형제애를 상징한다고 항변했다. 흰 늑대와 검은 양이 서로 코를 맞댄다. 흑인 아이와 백인 아이가 벌거벗고 서로 마주 앉아 있다. 흑인 아이는 백인 아이의 입에 손가락을 댄다. 흑인 아이가 흰색 곰 인형들에 파묻혀 잠잔다. 백인 소녀와 흑인 소녀가 서로 포옹한다. 이 광고는 흑인 소녀의 머리 모양이 마치 악마의 뿔 형상 같다고 해서 흑인단체들의 거센 항의를 받았다.

베네통의 광고는 1991년부터 더욱 충격적으로 변했다. 종교, 전쟁, 생명, 에이즈, 동성애, 폭력, 환경 등 내용도 한층 다양해졌다. 공동묘지, 색색가지 빛깔의 콘돔들, 탯줄을 그대로 달고 있는 막 태어난 신생아, 사제와 키스하는 수녀…. '사제와 키스하는 수녀' 광고는 당연하게도 바티칸을 비롯한 전 세계 가톨릭 사회로부터 맹렬한 비난을 받았다. '탯줄' 광고 역시 생명의 아름다움을 표현한 것이라는 베네통의 주장에도 불구하고 거센 찬반양론이 벌어졌다.

1992년부터는 일종의 보도사진이 연이어 등장했다. 비탄에 빠진 가족들이 지켜보는 가운데 죽어가는 에이즈 환자, 기관총을 차고 사람의 다리뼈를 몽둥이처럼 쥔 채 뒷짐을 지고 있는 아프리카 게릴라의 뒷모습, 알바니아 난민들을 가득 실은 배, 마피아의 폭탄 공격으로 화염에 휩싸인 자동차, 피투성이가 된 한 마피아 단원의 시체 앞에서 울고 있는 가족들, 피 묻은 보스니아 군인의 군복….

일찍이 유래가 없었던 이러한 광고를 토스카니는 다음처럼 설명했다. "전통적인 광고와는 달리, 베네통 광고에는 카피도 제품도 없다. 단지 로고만 있을 뿐이다. 거기에는 만약 당신이 우리 제품을 사용하면 이렇게 멋질 것이라는 꾸며낸 진실 따윈 존재하지 않는다. 우리 광고는 누구에게도 우리 옷을 사라고 말하지 않는다. 그런 암시조차 하지 않는다. 우리 광고는 다른 채널을 통해 사람들이 관심을 갖게 된 이슈들, 좀 더 논의할 필요가 있는 그런 이슈들에 대한 토론을 촉발시키고자 할 뿐이다."

두 사내가 미소를 띤 채 서로 볼을 맞대는 광고, 백인 여자와 흑인 여자가 아시아 아기와 함께 한 담요를 쓰고 있는 광고 등은 동성애 논쟁을 일으켰다. 흰 암말 뒤에 올라타 교미하고 있는 검은 수말 광고와 3개의 똑같이 생긴 심장 위에 각각 '백인, 흑인, 황색인' 꼬리표가 붙은 '3개의 심장' 광고 등은 세상을 시끄럽게 했다.

2000년 1월, 베네통은 사형수들이 등장하는 광고 캠페인을 시작했다. 광고에는 사형수들의 얼굴이 컬러로 보이고, 그들의 이름과 사형 집행 날짜도 공개되어 있다. 베네통의 의도는 사형수들의 인권과 사형제도에 사람들의 주의를 환기시켜 보겠다는 것이었다. 그러나 도처에서 거센 반발이 일어났다.

정부 기관뿐만 아니라 소비자들도 '사형수' 광고를 혐오했다. 사형수들과 피해자 가족들 또한 이 광고에 반대했다. 사형수들이 수감되어 있던 교도소는 미국의 미주리에 있었다. 미주리 정부는 사형수들의 사진을 광고에 사용했다고 베네통을 고소했다.

"United Colors of Benetton"
베네통

사실 베네통 광고에 대한 제재는 새삼스러운 것이 아니었다. 독일은 베네통의 몇몇 광고가 고통을 상업적으로 이용했다고 해서 게재를 금지했고, '탯줄' 광고는 이탈리아, 프랑스, 영국에서 더 이상 볼 수 없게 되었다. 심지어 베네통 대리점들까지 본사를 고소하는 소동이 벌어졌다. 논란만 일으키는 광고 때문에 자주 오던 고객도 발길을 끊었다는 이유였다.

이 모든 소동이 베네통을 유명하게 만든 것은 사실이다. 베네통의 광고는 광고라기보다는 전 세계적인 논쟁의 불씨였다. 대리점들은 이런 본사의 광고를 비난했지만, 토스카니가 원했던 것이 바로 이것이었는지도 모른다.

충격에도 내성이 생긴다

2005년 5월, 베네통과 올리비에로 토스카니는 18년 동안의 관계를 청산하고 헤어졌다. 토스카니는 다음처럼 말했다. "성공적인 광고가 되려면 메시지를 제품으로부터 분리해야 한다. 그리고 모든 것을 표준화하려는 마케팅을 잊어야 한다. 나는 다른 사람들이 하는 대로 따라가지 않는다. 나는 인간성을 괴롭히는 큰 문제들에 초점을 맞추기 위해 제품을 사용한다. 그리고 그것이 이익이 될 수 있음을 증명했다. 왜냐하면 내가 베네통에서 일하는 동안, 회사가 10배나 커졌기 때문이다. 광고인들은 나를 미워한다. 그러나 그들도 내가 승리했다는 것은 인정해야 한다."

한편, 몇몇 패션 브랜드가 베네통 광고를 모방하면서, '충격광고(shock advertising, 줄여서 shockvertising)'에 대한 조명이 활발해지기도 했다. 충격광고란 '사회적 가치나 개인적 이상을 파괴함으로써 의도적으로 소비자를 놀라게 하고 화나게 하는 광고'라고 정의할 수 있다. 너무나 많은 광고 메시지들이 난무하는 세상에서, 소비자의 주의를 끌고 논란을 유발시키며 특정 브랜드에 관심이 집중되게 만들 수 있다는 점이 충격광고의 가장 큰 매력이다.

그러나 충격광고에는 한계가 있다. 우선, 충격은 항생제처럼 내성이 생기기 때문에 그 다음 충격이 훨씬 더 커야 충격으로 받아들여진다. 계속 더 큰 충격을 만드는 것은 현실적으로 거의 불가능하다. 더 큰 충격거리를 찾을 수 없어 광고 담당자가 자살했다고 해서 사람들이 충격을 느낄까?

루쉰의 《아Q정전》에는 마을 사람들이 아Q의 사형 집행에 대해 불만을 느끼는 대목이 나온다. 전에는 사형을 참수형으로 집행했는데, 아Q는 총살형으로 처형되었기 때문이다. '총살은 목을 자르는 것만큼 재미가 없다'는 것이 사람들의 생각이었다.

또한 인간은 공포와 고통, 슬픔과 죽음을 본능적으로 피하고 싶어 한다. 그렇지 않아도 하루하루의 뉴스가 놀랄 일 투성이인데, 광고에서까지 아픔을 느끼고 싶지는 않은 것이다. 겨우 아문 상처를 다시 헤집어 거기에 소금까지 뿌리는 광고를 언제까지나 좋아할 리는 없다. 유머 광고가 점점 늘어나는 것도 가능하면 밝은 쪽을 보려는 인간의 본성과 무관하지 않다.

충격광고는 아이들에게 상처를 주기도 쉽다. 흡연자들이 낚싯바늘에 입이 꿰어 담배가 있는 곳까지 끌려가는, 영국의 금연광고 '벗어나라(Get unhooked)'는 상당히 효과가 좋았다. 그렇지만 영국 정부는 아이들에게 공포와 고통을 유발시킨다고 이 광고를 금지했다.

한 장의 충격적인 사진이 엄청난 결과를 초래하기도 한다. 이를테면 눈에 최루탄이 박힌 채 마산 앞바다에 떠오른 김주열 군의 사진이 4·19 혁명의 도화선이 된 바 있다. 그러나 미리 계산해서 그런 충격을 만들 수는 없다. 베네통의 '3개의 심장'이 실제로는 돼지 염통이라는 사실을 알았을 때 사람들은 어떤 기분이었을까?

'충격요법'은 어쩌다 사용해야 글자 그대로 '충격요법'인 것이다.

22 식색성야(食色性也)

최근 우리나라에서 아동 대상 성범죄가 4년 사이 69퍼센트나 증가했다는 보도가 있었다. 그 내용은 다음과 같았다. 영국, 미국, 일본 등은 아동 대상 성범죄가 대폭 감소하는 추세인데 반해 우리나라만 유독 빠른 증가세를 보이고 있으며, 그 원인이 아동 음란물과 성적 이미지를 앞세운 대중매체 광고의 확산에 있다는 것이다.

나는 광고인의 한 사람으로 반성하면서도, 과연 섹스어필 광고가 실제로 성범죄를 유발하는지 의구심이 들었다.

그런데 과연 섹스어필 광고가 효과를 내기는 할까? 이 문제는 지금도 심심찮게 거론되곤 하는데, 결론은 대충 이렇다. 광고하려는 제품과 섹스가 타당한 연관성이 있다면 효과가 있고, 없다면 효과가 없다. 즉, 섹스와 어울리는 제품과 그렇지 않은 제품이 있다. 그러니 트랙터나 살충제 광고는 섹스어필 광고여서는 안 되며 화장품이나 술 광고는 섹스어필 광고여도 좋다는 결론이 나온다.

그러나 이 견해는 너무도 원론적이고 일차적이다. 섹스와 연관성이 있는 제품은 타고난다고 전제하기 때문이다. 사실 현실은 그렇지 않다. 예를 들어 끊임없는 섹스어필 광고로 성공한 하겐다즈 아이스크림이 있다. 아이스크림에서 섹스를 연상한 사람들이 과연 얼마나 됐겠는가. 요즘은 도무지 섹스와 연관이 없어 보이는 제품들도 섹스어필 광고를 많이 한다.

섹스는 유머와 마찬가지로 굉장히 상대적이다. 시대와 사회적 규범에 따라 선정성의 기준은 하늘과 땅 차이다. 미국의 대표적인 여성 광고인 헬렌 레조가 1911년에 만든 우드베리(Woodbury) 비누 광고를 보자. 멋진 신사가 아름다운 숙녀의 손등에 키스하는 그림과 함께 '만지고 싶은 피부(A skin you love to touch)'라는 헤드라인이 보인다. 이 광고가 야한가? 현대인들의 눈에는 점잖다 못해 촌스럽게까지 보일 것이다. 그러나 당시 이 광고가 게재된 〈레이디스홈저널〉 독자들 상당수가 경악을 금치 못했다. 그중에는 아예 잡지 구독을 중단한 사람들도 있었다.

1954년에 개봉된 한형모 감독의 〈운명의 손〉에는 한국 영화 최초의 키스신이 등장한다. 사실 말이 키스신이지, 죽어가는 여자 주인공(윤인자)을 끌어안고 남자 주인공(이향)이 가볍게 입술을 약 5초 동안 부빈 것이 고작이었다. 그런데도 이 영화는 전국을 들끓게 했다.

흥행만을 위해 풍기 문란한 장면을 넣었다고 개탄하는 인사들도 있었고, 여자 간첩(영화에서 윤인자는 술집에서 일하며 북한의 첩자 노릇을 한다)과 키스를 하다니 도저히 용서할 수 없다고 핏대를 높이는 반

"만지고 싶은 피부"
우드베리 비누

공 투사들도 있었다. 윤인자의 남편은 감독을 고소하겠다고 길길이 날뛰었다고 한다. 어쨌든 이 영화는 흥행에 크게 성공했다.

여성의 벌거벗은 상반신을 아무 거리낌 없이 여기는 나라가 있는가 하면 여성의 발을 보여주는 것을 금기시하는 나라도 있다. 선거 유세 기간 내내 윗옷을 벗어 던졌던 포르노 배우 출신 치치올리나를 국회의원으로 뽑아준 이탈리아가 있는가 하면, 소매 없는 드레스를 입고 도발적인 미소를 지었다고 교육위원 여성 후보를 낙선시킨 미국도 있다.

어떤 나라에서는 아예 여성이 광고에 등장하는 것을 금지한다. 어린 소녀가 음료수를 마시고 혀로 입술을 핥는 광고가 외설적이라고 금지한 나라도 있다. 성적 농담도 문화에 따라 그 허용도가 천차만별이다. 상황이 이러니 선정성을 법적 기준으로 규정하기도 쉽지 않다.

건전한 섹스어필 광고가 필요하다

다음 광고가 무슨 제품을 광고하고 있는지 맞추어보기를 바란다.

한 남자가 점심 식사를 하러 집에 들른다(아직도 유럽에서는 많은 사람들이 집에 가서 점심을 먹고 온다). 열쇠로 아파트 문을 열고 들어가면서 그는 불현듯 아내와 사랑을 나누고 싶은 욕구를 느낀다. 이어서 점심시간을 이용한 아내와의 오붓하고도 낭만적인 섹스를 하기 위한 남자의 준비 장면이 나온다. 그는 방으로 향하면서 허겁지겁 넥타이를 풀고 상의를 벗는다. 이어 바지를 벗고 팬티까지 모두 벗는다. 이제 그의 몸에 남은 것은 양말뿐이다.

방문을 열기 전, 남자는 열쇠 구멍으로 안을 들여다본다. 호젓하게 턱을 고이고 앉은 예쁜 아내의 옆얼굴이 보인다. 몸이 달아오른 그는 화병에 꽂혀 있던 꽃 한 송이를 집어 플라멩코 댄서처럼 입에 문다. 문을 활짝 열어젖힌 그는 '짠' 하고 방으로 뛰어든다. 아내가 깜짝 놀라 기뻐하리라 생각하면서 말이다.

그런데 이게 웬일인가. 방 안에는 아내 혼자 있지 않다. 도대체 언제 왔는지 모를 장인과 장모가 아내의 맞은편에 앉아 있다. 그들은 양말만 신은 벌거벗은 몸으로 입에 꽃 한 송이를 물고 갑자기 나타난 사위를 어쩔 줄 모르는 표정으로 쳐다보다가 고개를 돌린다. 아내 또한 몹시 당황한다. 이어서 화면에 자막이 뜬다.

"경고: 집안 어른들을 반값에 모십니다. 노르웨이 항공."

전혀 뜻밖에도, 한 항공사의 운임 할인 광고였던 것이다. 노르웨이 항공(Braathens SAFE)은 국영 항공사로서, 경쟁사인 스칸디나비아 에어라인(SAS)과 함께 노르웨이 국내 항공 시장을 양분하고 있었다. 두 회사 간에는 뚜렷한 차별점이 존재하지 않았다. 같거나 비슷한 비행기 기종, 정부 규제 때문에 마음대로 받을 수 없는 운임, 운항 노선이나 운항 횟수, 기내 서비스, 승무원들의 친절도, 기장들의 숙련도 등에서 거의 차이가 없었다. 따라서 고객들은 공항에 가서 그저 시간이 맞는 비행기를 탔다.

이 광고가 나왔던 1993년, 스칸디나비아 에어라인도 할인 캠페인을 진행했을 것이다. 그리고 통상적이고 흔히 볼 수 있는 스타일

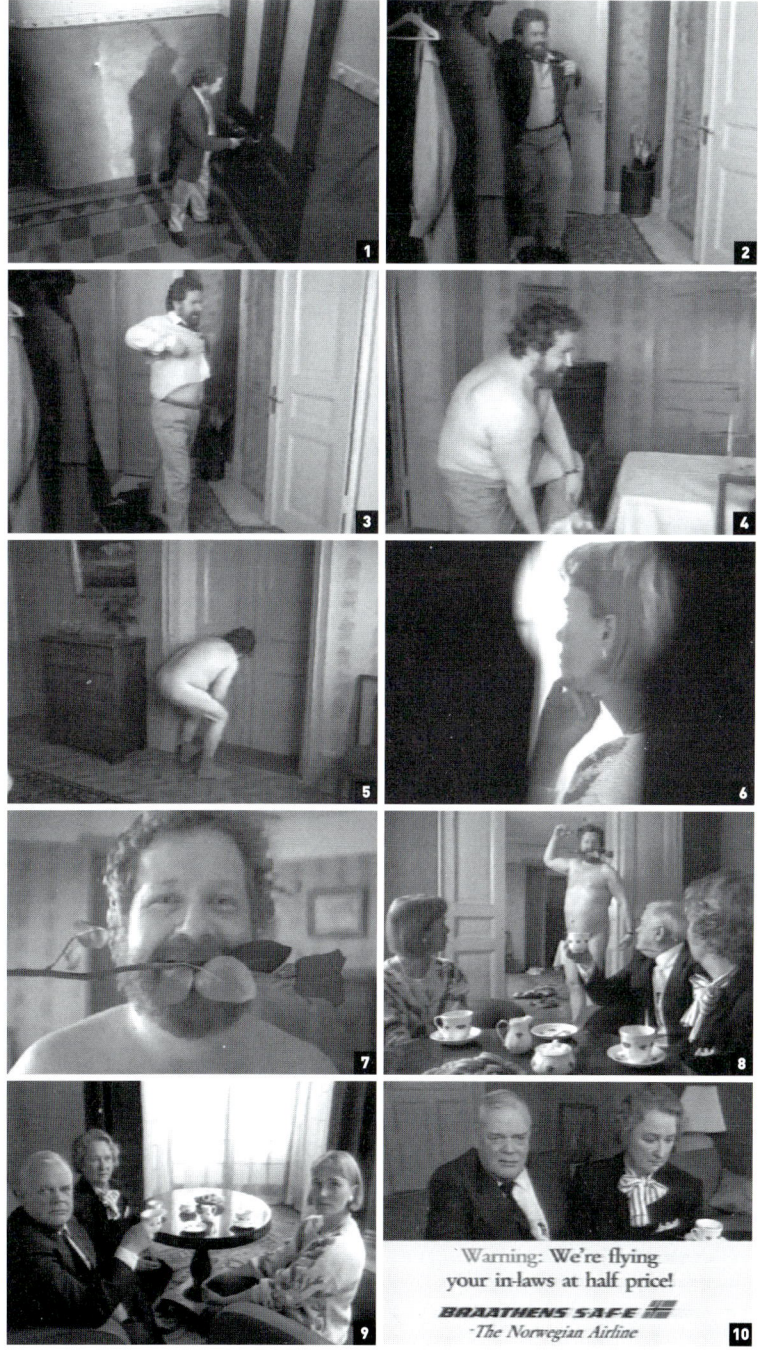

"경고: 집안 어른들을 반값에 모십니다"
노르웨이 항공

로 그 사실을 알렸을 것이 뻔하다. 그 광고도 나름대로 효과를 거두었을 가능성이 높다.

그러나 아무도 생각하지 못한 기상천외한 방법으로 연장자를 대상으로 한 운임 할인 캠페인을 알린 노르웨이 항공의 이 광고는 큰 성공을 거두었다.

무엇보다도 노르웨이 항공이라는 회사의 이미지가 크게 달라졌다. 항공사 하면 떠올랐던 차갑고 사무적인 이미지 대신 '재미있고 인간적이며 친해지고 싶은 노르웨이 항공'이라는 인식이 고객의 머릿속을 채우게 되었다. 고객들은 '이왕이면 노르웨이 항공을 타자'고 생각했다. 따라서 할인 캠페인용으로 준비했던 티켓을 모두 팔았을 뿐만 아니라 일반 승객들의 이용도 크게 늘어났다. 노르웨이 항공은 이 광고와 비슷한 스타일로 계속 캠페인을 진행했으며 3년 만에 시장점유율이 5퍼센트나 늘어났다고 한다.

맹자는 성선설을, 순자는 성악설을 주장했다. 그런데 맹자의 성선설과 순자의 성악설에 모두 반대하며 맹자와 논쟁을 벌였던 고자라는 사람이 있었다. 그는 인간의 본성은 선도 아니고 악도 아니며 교육과 환경에 따라 변한다고 주장했다. 그에 의하면 인간의 본성은 물과도 같다. 둑 안에 갇혀 있던 물은 둑이 터지는 방향으로 흐르게 마련인데 그 방향이 선이면 선이고, 악이면 악이다. 결코 물 자체에 좋고 나쁨이 있는 것이 아니라는 뜻이다.

고자는 '식욕과 성욕은 인간의 자연스런 본성', 즉 식색성야(食色性也)라는 유명한 말을 남겼다. 확실히 맞는 말 같다. 어느 나라의 어떤 언어든 '먹는다'는 동사가 섹스와 연결된다. 그렇다면 먹는다는 것과 섹스한다는 것이 인류의 원형적인 잠재의식에서 동일시되었을지도 모른다. 그렇다면 점심을 '먹으러' 집에 왔다가 아내와의 섹스를 꿈꾸는 노르웨이 항공의 사내야말로 전형적인 인간이다.

인간의 본성에 소구하여 커뮤니케이션을 하려는 광고가 섹스를 소재로 삼지 않을 리 없다. 문제는 그 소재를 어떻게 다루느냐다. 섹스가 인간의 자연스런 본성이라고 해서 아무 데서나 공개적으로 하는 사람은 없다. 정상적인 인간에게는 성적 수치심이 있기 때문이다.

무조건 뇌쇄적인 여성을 벗겨 시선부터 끌려는 광고는 실패하기 쉽다. 그런 여자가 보기에는 좋을지도 모르나 아무도 결혼 상대로는 생각하지 않는다. 마찬가지로 광고는 좋아할지 모르나 제품은 기억하지 못하는 현상이 발생한다.

인간의 존엄성을 지키고 격조와 품위가 있는, 어둡고 수치심을 유발하는 것이 아니라 밝고 건강하며 미소를 짓게 하는 섹스어필 광고는 분명 효과가 있다. 문제는 섹스어필 광고 그 자체에 있지 않다. 좋은 섹스어필 광고를 만들 안목과 능력을 갖춘 광고인들이 많지 않다는 것이 문제다.

23_ 없어야 생각난다

과거에 나는 맛있는 족발집이 많기로 유명한 장충동에서 회사 생활을 한 적이 있다. 하루에도 몇 번씩 족발집들을 지나쳤지만 정작 들어가서 먹어본 적은 몇 번 없었다. 그것도 우리 회사를 방문한 광고주 회사 사람들이 원했기 때문에 어쩔 수 없이 간 경우가 대부분이었다. 우리끼리 회식 장소를 정하거나 할 때, 이상하게도 족발집은 거론조차 되지 않았다. 너무 가까이 있으니 흔하게 보였고, 그러다 보니 별 매력을 느끼지 못한 것이다.

시간이 흘러 나는 장충동과는 멀리 떨어진 곳에 있는 회사로 옮기게 되었다. 그런데 그때부터 자꾸 족발집이 그리워졌다. 심지어는 일부러 힘들게 찾아가 먹곤 했는데, 그전보다 훨씬 맛있게 느껴졌다. 이렇게 훌륭한 맛을 왜 진작 몰랐을까 하며 더 자주 오지 못했던 것을 후회할 정도였다.

다시 시간이 흘러 나는 새로 시작한 공부로 인해 장충동에 자주 들리게 되었다. 일주일에 2번 이상이나 말이다. 그것도 밤에만 방문했으니 족발을 먹기에는 최상의 조건이었다. 그러나 놀랍게도, 반가운 마음으로 먹은 족발의 맛은 그저 그랬다. 따라서 족발과 멀리 떨어져 있을수록 더 맛있게 느껴진다는 결론이 나왔다.

너무 쉽고 흔해서 대접받지 못하는 것은 우유도 마찬가지다. 좀 산다고 하는 집에서만 우유를 배달시켜 먹던 시절도 있었다. 유리로 된 통통한 우유병의 마개를 컴퍼스 다리로 따서 마실 수 있는 아이는 부러움의 대상이었다. 미국에서 원조한 옥수수 가루로 만든 빵을 학교에서 급식하던 시절이었으니 그럴 만도 했다.

요즘 아이들로서는 상상이 가지 않는 이야기일 것이다. 지금은 그 정도로 흔해 빠진 것이 우유다. 우유는 싸고, 흔하고, 따분하고, 유치하고, 촌스러운 음료로 전락했다. 우유를 마시며 유아기를 보낸 아이들도 중학교에 들어가기가 무섭게 우유를 외면한다. 콜라 마시는 아이가 훨씬 세련되어 보인다.

국가 전체로 보아도 마찬가지다. 어느 나라나 국민소득이 높아질수록 일인당 우유 소비량은 줄어든다. 이제 우유는 좀 사는 사람이 아닌 못사는 사람의 음료다.

1980년까지만 해도 미국 캘리포니아 주민 한 사람이 일 년에 평균 30갤런의 우유를 마셨다. 1993년 그 숫자는 24.1갤런으로 줄어들었다. 무려 20퍼센트나 감소한 것이다. 만약 다른 업종에서 20퍼센트의 소비 감소가 발생했다면 회사들이 줄줄이 도산했을 것이 뻔하다. 하지만 다행히도 캘리포니아의 인구는 꾸준히 증가했다. 그

래서 우유 가공 업체들은 늘지도 줄지도 않는 매출로 그럭저럭 버
텼다.

　물론 협회 차원의, 우유 소비 촉진을 위한 노력이 없지는 않았다.
우유는 따분하지 않다, 우유는 유치하지 않다, 우유는 매력적이다 등
등을 광고에서 주장해보았으나 효과는 거의 없었다. 한 손에 1.5리
터짜리 우유팩을 들고 땀을 뻘뻘 흘리며 조깅하는 사람이 등장하는
멋있는 광고도 있었으나 아무도 그 사람을 따라하지 않았다. 멋진 여
성이 데이트할 때 우아하게 우유를 마시는 광고도 효과가 없었다.

우유를 집 나간 마누라로 만들다

1994년, 과연 광고를 이용해서 우유 소비를 촉진시키는 일은 불가
능하단 말인가 하는 회의가 들 때쯤, 캘리포니아 우유가공업체들의
단체인 CFMPAB(California Fluid Milk Processors' Advisory Board)의 기
금에 의해 집행된 '우유는?(got milk?)' 캠페인이 위대한 일을 해냈
다. 그리고 광고를 만든 샌프란시스코의 광고회사 굿비, 실버스타
인앤파트너스(Goodby, Silverstein&Partners)도 유명해졌다.

　조사에 의하면 우유 소비량의 감소와는 상관없이 캘리포니아 주
민의 70퍼센트가 변함없이 우유를 마셨다. 우유를 대체할 음료가 워
낙 많았기 때문에, 우유를 전혀 마시지 않는 소비자를 새로운 고객
으로 끌어들이는 것은 무모해보였다. 그래서 전략의 초점은 70퍼센
트의 기존 소비층으로 하여금 더 많은 우유를 마시게 하는 것에 모
아졌다.

　또 하나 중요한 점은, 사람들이 우유를 독립된 음료로 생각하지

got milk?

"우유는?"
CFMPAB

않고 무엇인가를 먹을 때 함께 마시는 음료로 생각한다는 점이었다. 심층 조사에 의해 사람들이 우유와 함께 초콜릿 케이크, 쿠키, 땅콩 버터 샌드위치 등을 주로 먹는다는 사실이 밝혀졌다. 그러니까 저마다 우유와 연결되는 음식이 있는 것이다.

앞의 사실들을 종합해 드디어 '박탈 전략(deprivation strategy)'이 세워졌다.

우유는 굉장히 흔한 음료다. 항상 우리 주변에 존재한다. 마치 함께 살고 있는 마누라 같다. 혹은 숨 쉴 때 꼭 필요한 공기와도 같다. 사람들은 언제 마누라를 목마르게 원할까? 예쁘게 화장하고 옆에서 애교 떨 때인가 아니면 며칠 친정에 가 있는 때인가? 사람들은 언제 공기의 소중함을 느낄까? 물속에서 숨을 못 쉴 때다.

이 캠페인의 핵심은 바로 옆에 없어야 더 찾는다는 '박탈 전략'이 었다. 즉, 사람들은 마누라가 소중하고 공기가 없으면 살아갈 수 없다는 사실을 너무나 잘 안다. 우유가 몸에 좋다는 사실을 모르는 사람은 없다. 그러나 언제나 옆에 있기 때문에 오히려 그 가치가 보이지 않는 것이다. 그렇다면 이들의 고마움을 일깨우기 위해서는 이들이 없는 상황을 그리면 되지 않겠는가.

기존의 우유 소비 촉진 광고에는 반드시 우유가 등장하며 우유가 주인공이었다. 별 효과가 없었음은 뻔하다. 어느 남편이 마누라 얼굴이 커다랗게 보이고 밑에 '마누라를 사랑합시다'라는 카피가 붙은 광고에 공감할 것인가.

'우유는?' 캠페인에는 우유가 등장하지 않는다. 다만 먹을 때 간절히 우유가 생각나는 식품 혹은 우유 없이 먹는 것이 거의 불가능한 식품들이 등장한다. 꼭 우유가 있어야 하는데 없어서 낭패를 보는 상황을 연출하기도 한다.

맛있는 초콜릿 칩을 한입 베어 물었을 때, 사람들은 신선한 우유 한 잔이 간절히 그립다. 그래서 혼잣말이든 옆에 사람한테든 무심코 '우유는?' 하는 말이 자연히 나오는 것이다. 만약 이때 우유가 없다면 어떻게 될까? 생각만 해도 목이 멘다.

땅콩버터와 잼을 듬뿍 바른 샌드위치를 먹을 때도 그렇다. 잘 익은 컵케이크 또한 빼놓을 수 없다. 입안 가득 맛있게 씹고 있는데 우유가 없다면 샌드위치든 컵케이크든 목구멍으로 제대로 넘어가겠는가? 이럴 때 우유가 없으면 고문이나 다름없다.

인쇄광고와 함께 병행된 TV CF에서는 우유가 떨어져 곤란을 겪는 상황을 유머러스하게 과장한다.

바나나를 송송 썰어 넣고 시리얼을 듬뿍 담은 다음 입맛을 다시며 냉장고 문을 열었는데 우유가 떨어졌다면 당신은 어떻게 할 것인가? 있을 때는 거들떠보지도 않았지만 막상 필요할 때 없으니 당신은 마약중독자처럼 안절부절 못한다. 아기가 빨고 있는 우유병을 곁눈질한다. 심지어 고양이가 핥고 있는 먹이통까지 바라보며 어떻게 안 될까 하는 치사한 생각을 한다. 눈치를 챈 아기와 고양이가 우유병과 먹이통을 빼앗기지 않으려고 경계 태세에 돌입한다.

한 청년이 막 땅콩버터 샌드위치를 크게 한입 베어 물었는데 전화벨이 울린다. "퀴즈 쇼입니다. 상금은 1만 달러. 자, 알렉산더 해밀턴을 죽인 사람의 이름은?" 10달러 지폐에도 나와 있는 미국의 초대 재무장관 해밀턴은 그의 라이벌이자 제3대 부통령이었던 아론

버와의 결투에서 총을 맞고 사망했다. 청년은 답을 알고 있다. 그런데 입 안의 샌드위치를 빨리 넘기기 위해 급히 우유 잔을 잡았는데, 우유가 거의 남아 있지 않다. 그가 대답한다. "아완 바아."

이 광고가 나오면서 사람들은 점점 집 안에 우유가 떨어지는 상황을 겁내기 시작했다. 고속도로를 달리다가 기름이 떨어지면 모든 것이 엉망이 된다. 생각하기도 끔찍한 상황이다. 그것을 겁내기에 사람들은 반드시 운전대를 잡기 전에 기름을 가득 넣는다.

마찬가지로 광고를 본 사람들은 냉장고에 우유가 떨어지면, 마누라가 집을 나간 것처럼 생활 자체가 엉망이 될 것 같은 느낌이 들었다. 결국 사람들은 평소보다 훨씬 넉넉하게 우유를 사서 냉장고에 넣어두어야 안심할 수 있었다. 자연히 우유 소비가 늘어났다.

이 캠페인은 1994년부터 시작되었는데 그 효과는 숫자로도 나타났다. 1993년, 캘리포니아 우유 소비는 전년도 대비 3.6퍼센트 감소했는데, 1994년에는 소비가 0.7퍼센트 증가했다. 이 숫자가 미미하게 보일지는 몰라도 양으로는 520만 갤런, 소매가로는 무려 1300만 달러에 달한다. 미국 전역에서 10년 만에 처음으로 우유 소비가 증가한 것이다.

사실 '박탈 전략'은 우리가 일상에서도 자주 겪는 것이다. 시험 성적이 좋지 않은 아이가 일부러 연락도 하지 않고 집 밖의 놀이터에서 시간을 보내거나, 너무 도도하게 나오는 애인에게 한동안 연락을 끊는 행위, 청소년들의 가출도 자신의 소중함을 부각시키려는 '박탈 전략'의 예다.

악다구니 쓰는 이들로 가득한 숨 막히는 증권거래소에서는, 자연의 여유로움이 '그리울' 수 있다. 푸른 하늘, 흰 구름, 맑은 시냇물, 울창한 숲을 보고 자연의 아름다움을 '느낄' 수 있다면 하는 생각이 드는 것이다. 그래서 증권거래소 풍경이 오히려 더 효과적으로 푸른 하늘, 흰 구름, 맑은 시냇물, 울창한 숲을 커뮤니케이션하기도 한다. 신입 사원을 뽑을 때 가끔 이런 통찰력을 지닌 인재를 만나기도 하지만 흔한 일은 아니다.

"있을 때 잘해"라는 말이 있는 것은 대부분의 인간들이 그렇지 못하기 때문이다. 없어야 그리워하고 찾으니 인간이란 얼마나 어리석은 존재인가. "살아 있을 때는 부모 고마운지 모르지" 하는 세상 모든 부모의 공통된 넋두리가 '우유는?' 캠페인을 한마디로 압축해 준다.

24 _산은 산이고 물은 물이다

인간은 무엇인가가 결핍되었다고 느낄 때 그것을 채우려는 본능을 가진다. 배가 고프면 음식을 채워 넣으려고 하고, 심심함을 달래기 위해 게임을 하거나 영화를 본다. 마음이 허전하면 친구에게 전화를 걸고, 머리를 채우기 위해 책을 읽는다.

이런 본능을 마케팅에서는 욕구(need)라고 부른다. 광고란 궁극적으로 소비자의 욕구를 충족시켜 주겠다는 일종의 약속이다. 따라서 목표로 하는 집단이 어떤 욕구를 가지고 있는지를 파악하는 것이 모든 광고 활동의 출발점이다.

경우에 따라 학자들은 욕구와 필요(want, 다르게 번역하는 사람들도 있다)를 구별하여 사용한다. 필요란 소비자가 그의 욕구를 충족시키기 위한 특별한 선택을 말한다. 똑같이 목이 마르더라도 각자 필요로 하는 것이 다르다. 이렇게 욕구는 같지만 필요는 다를 수 있다.

코카콜라가 아예 존재하지 않는 나라라면 그 누구도 목마를 때 코카콜라를 필요로 하지 않는다. 1980년에 제작된 영화 〈부시맨〉을 기억하는가?

미국의 심리학자 매슬로는 인간의 욕구가 행동을 일으키는 동기 요인이며 계층적 구조로 되어 있다고 주장한다. 즉, 인간의 욕구는 상위와 하위로 나뉘며 하위 단계의 욕구가 충족되면 그 다음 단계의 욕구로, 그 욕구가 충족되면 또 그 다음 단계의 욕구로 발전한다는 것이다.

그러니까 상위의 욕구가 충족되려면 그보다 하위에 있는 욕구들이 먼저 충족되어야만 한다. 예를 들어 "말 타면 경마 잡히고 싶다"라는 속담이 있는데, '경마 잡히고 싶은' 욕구의 충족은 '말을 타는' 욕구가 충족되지 않으면 생각할 수 없다.

매슬로의 욕구의 계층 맨 밑바닥은 생리적 욕구다. 이 욕구는 글자 그대로 인간이 살아남으려면 꼭 충족되어야만 하는 것이다. 배고프면 먹어야 하고 목마르면 마셔야 하며 졸리면 자야 한다. 취약한 종인 호모사피엔스가 지구상에서 사라지지 않으려면 끊임없이 섹스를 해야 한다.

다음 단계는 안전에 대한 욕구다. 인간은 추위와 질병, 위험으로부터 자신을 보호하려고 한다. 과체중에서 벗어나려고 아침부터 땀을 흘리며 운동을 하고, 보다 안전한 투자 상품을 찾기 위해 여기저기 기웃거리는 것이다. '먹고살 만해지면' 보험 산업이 극성을 부리는데, 이는 생리적 욕구에서 안전에 대한 욕구로의 이행을 극명하게 보여주는 예다.

그 다음 단계는 사랑과 소속에 대한 욕구다. 인간은 집단에서 사랑하고 사랑받기를 원하며 타인과의 연대감을 확인할 때 행복과 편안함을 느낀다. 이 단계에서는 가족, 친구, 사교클럽, 스포츠클럽, 교회나 절 등이 중요하게 부상한다. 사랑과 소속에 대한 욕구가 제대로 충족되지 않으면 사회적으로도 큰 문제를 야기할 수 있다. 과거의 생계형 범죄와 현재의 사이코들을 비교해봐도 알 수 있다.

또 상위의 욕구는 하위의 욕구 충족을 박탈할 수도 있다. 살이 찌면 애인이 도망갈까봐 밥을 쫄쫄 굶는 여자를 생각하면 이해하기가 쉽다.

그 다음 단계는 존경에 대한 욕구다. 사람은 누구나 자신이 대단한 존재라고 생각하고 싶어 하며, 남들도 자신을 인정하고 존중해 주었으면 하는 욕구를 지닌다. 명예와 권력은 목숨과도 맞바꿀 수 없다. 흥미롭게도, 매슬로는 스스로 자신을 존중하지 않는 사람일수록 남들에게 존경받기를 원한다고 지적한다. 그러니까 "너 내가 누군지 알아!" 하고 목에 핏대를 세우는 사람들은 다 문제가 있다.

마지막 최고의 단계는 자기실현에 대한 욕구다. 누구나 완벽한 아버지, 완벽한 남편, 완벽한 상사, 완벽한 부하, 완벽한 친구, 완벽한 시민으로 기억되기를 원한다. 주어진 역할을 완벽하게 연기하고 싶은 배우처럼, 인간은 자신의 재능과 잠재력을 총동원하여 이룰 수 있는 모든 것을 성취하려고 한다.

산업이 발전하고 경제 수준이 높아질수록 욕구 수준이 상위로 올라간다. 하위에 있는 욕구 충족은 당연한 것으로 여긴다. 식당에서 보리밥을 먹고 있는 사람을 볼 때, 우리는 그가 쌀밥을 먹을 돈이 없어 할 수 없이 보리밥을 먹는다고 생각하지 않는다. 단지 어린 시절과 고향에 대한 그리움 때문에 보리밥을 먹는다고 생각한다.

따라서 사회가 발전하면 광고 역시 사랑과 소속, 존경, 자기실현에 대한 욕구를 충족시켜 주겠다는 약속 쪽으로 초점을 맞추게 된다. 자동차는 더 이상 단순한 탈것이 아니라 사회적 신분의 상징이며, 어디에서 살고 있는가가 인생의 성취도를 나타낸다. 패밀리레스토랑은 더 이상 먹기 위한 곳이 아니다. 그곳은 가족 간의 애정과 유대감을 확인시켜 주는 공간이다.

레블론(Revlon) 화장품의 설립자 찰스 렙슨은 "우리는 공장에서 립스틱을 만들고, 광고에서 희망을 판다"라는 말을 남겼다.

이러한 맥락에서 제품보다는 제품의 사용자들에게 비중을 두는 이른바 라이프스타일(lifestyle) 광고가 성행하기 시작했다. 제품의 구체적인 기능이나 이점보다는 그것을 소비하는 대상들의 가치나 정서에 호소하는 라이프스타일 광고는 특히 청량음료 분야에서 즐겨 사용된다.

코카콜라와 펩시콜라 간에 벌어졌던 치열한 콜라 전쟁도 라이프스타일 광고를 통해서 이루어졌다. 특히 1980년대 당시 새로운 스타들이었던 마이클 잭슨, 라이오넬 리치, 마돈나 등을 동원한 펩시콜라의 '새로운 세대의 새로운 선택(The choice of a new generation)' 캠페인은 라이프스타일 광고의 한 전형을 보여주었으며, 코카콜라를 추월하는 발판이 되기도 했다.

아마 소비자들은 다음과 같이 생각했을 것이다. '목이 말라 뭔가를 마시고 싶다. 코카콜라? 미국 자본주의가 연상되기도 하고 너무 보수적인 것 같다. 펩시콜라? 내가 펩시콜라를 마실 만큼 '새로운 세대'에 속할까? 환타? 에이, 애들이나 마시는 거잖아….' 청량음료 브랜드들의 라이프스타일 광고는 소비자들의 생각을 바꿀 만큼 대단한 위력을 자랑했다.

설탕은 달고 소금은 짜야 한다

그런데 이 모든 것을 완전히 부정하고 정반대의 방법을 써서 성공한 청량음료가 있다. 매우 놀라운 일이다.

노르웨이에는 솔로(Solo)라는 청량음료가 있다. 솔로 역시 처음에는 라이프스타일 광고에 돈을 쏟아부으면서 코카콜라, 펩시콜라, 환타 등과 경쟁을 벌였지만 결과는 참패였다. 판매량은 계속 줄어들기만 했다. 궁지에 몰린 솔로는 다른 청량음료 브랜드들과는 정반대의 길을 가기로 결심했다. 1994년에 나온 솔로 광고를 감상해보자.

위엄 있게 보이는 한 노부인이 독창회를 열었다. 그 부인은 스스로 대단한 가수라고 믿고 있지만 실제로는 엄청난 음치다. 따라서 음정도 박자도 초월한 그녀의 노래는 듣기가 민망할 정도를 넘어 차라리 고문에 가깝다. 한참 노래를 부르던 그녀가 멈추더니 피아노 위에 놓여 있던 솔로를 유리잔에 따라 마신다.

여기까지 광고를 본 사람들은 아마 다음처럼 생각했을 것이다. '흥, 저음료를 마셨더니 음정 박자가 제자리로 돌아온다는 얘기로군. 뻔한 수작이지.'

그러나 이게 어찌된 노릇인지 그녀의 노래는 솔로를 마시고 난 뒤에도 전혀 나아지지 않는다. 여전히 신경을 긁는 음치의 부르짖음만 들린다. 어쨌든 노래가 끝나고 관객들은 박수를 친다. '뭐야, 무슨 광고가 이래' 하며 사람들이 어리둥절할 때 카피가 등장한다.

"갈증 외에는 그 어떤 것도 고치지 못하는 세계 유일의 음료, 솔로."

이런 '거꾸로 가기' 캠페인으로 솔로는 떨어진 시장점유율을 회복했다. 급기야 1996년에는 브랜드 선호도, 브랜드 인지도, 브랜드 수용도에서 코카콜라와 펩시콜라 그리고 환타를 앞질렀다.

이 광고는 유머와 함께 일종의 통쾌함을 선사한다. 설탕은 달고 소금은 짜야 한다. 아무리 거창한 의미와 가치로 덕지덕지 덧칠을 해도 음료는 음료다. 목마를 때 마셔서 갈증이 해소되면 되는 것이다. 그동안 다른 음료들이 너무도 촌스럽고 천하다고 생각해 언급조차 하지 않던 생리적 욕구를 솔로는 용감하게 건드렸고 성공했다.

한 유명한 바이올리니스트가 시골길을 가는데 소 한 마리가 한가롭게 풀을 뜯고 있다. 그는 소 곁으로 다가가 바이올린을 꺼내 한 곡을 연주하기 시작한다. 자신의 아름다운 음악을 들려주면 소도 분명 기뻐하리라는 갸륵한 생각에서다. 그러나 소는 전혀 반응을 보이지 않고 그저 우걱우걱 풀을 뜯어먹는다. 그러다 아주 빠른 템포로 고음부를 연주할 때, 풀을 뜯던 소가 갑자기 두 귀를 쫑긋 세우고 꼬리를 맹렬하게 흔들기 시작한다. 모기가 나타났기 때문이다. 소는 음악이 아닌 모기소리에 반응한 것이다.

성철 스님이 인용해 유명해진 "산은 산이요, 물은 물이로다(山是

"갈증 외에는 그 어떤 것도 고치지 못하는 세계 유일의 음료"
솔로

山水是水)"라는 말이 있다. 선(禪)에 입문하기 전, 사람들은 자연현상을 감각적으로 인식한다. 그래서 산은 산이요, 물은 물이다. 그런데 열심히 수행을 쌓으면 자신이 가지고 있던 가치체계에 변화가 생긴다. 이때 더 이상 산은 산이 아니고 물은 물이 아니다. 그러다 마지막 단계에 이르면, 자신의 가치체계가 제자리를 잡아가는 최고의 경지에 도달한다. 이때 다시 산은 산이요, 물은 물이 된다.

너무도 빠르고 복잡하게 돌아가는 현대사회에서 사람들은 오히려 느리고 단순한 것을 원할 수도 있다. 알고 보면 인간은 그렇게 복잡한 존재가 아닌지도 모른다. 진리도 그렇고 광고도 그렇다. 때로는 가깝고 쉬운 곳에서 해답을 찾아볼 일이다.

25 스포츠는 영원하다

필 나이트는 1938년 미국 오리건 포틀랜드에서 변호사의 아들로 태어났다. 그는 오리건대학교에서 신문방송학을 공부하면서 육상 선수로도 활동했다. 그는 꽤 유능한 선수였다. 대학을 졸업하고 일 년 동안의 군 복무를 마친 그는 스탠퍼드 경영대학원에 들어갔는데, 그곳에서 기업경영 분야에 매료되었다. 그때부터 그는 기업가의 꿈을 키웠다.

1962년, MBA과정을 수료한 나이트는 세계 여행을 떠났다. 그는 일본 고베에서 타이거(Tiger)라는 브랜드의 품질이 뛰어나고 가격은 저렴한 운동화를 알게 되었다. 타이거 운동화에 푹 빠진 그는 생산 회사인 오니츠카상사(鬼塚商社)의 오니츠카 키하치로 사장에게 무조건 전화를 걸었다. 사장은 이 젊은 미국인을 만나주었다. 그리고 나이트는 타이거 운동화의 미국 서부 지역 배급권을 얻었다. 잘 알려진 대로 나중에 오니츠카상사는 아식스가, 오니츠카 사장은 아식스의 회장이 된다.

타이거 운동화 샘플이 도착하기까지는 일 년 이상의 시간이 걸렸다. 나이트는 기다리는 동안 포틀랜드에서 회계사로 일했다. 마침내 샘플을 받은 그는 그중 두 켤레를 대학 시절 육상 코치였던 빌 바우어먼에게 보냈다. 그의 의견을 듣기 위해서였다. 또 육상부에서 운동화를 사줄 것이라는 기대도 있었다.

바우어먼은 운동화를 주문했을 뿐만 아니라, 아예 운동화 사업을 같이 하자고 나이트에게 제안했다. 바우어먼은 더 나은 운동화를 위한 디자인 아이디어도 제안했다. 1964년, 마침내 둘은 블루리본스포츠(Blue Ribbon Sports)라는 회사를 세웠다.

운동화는 잘 팔렸다. 1969년 나이트는 회계사 일을 그만두고 회사 일에 전념하기로 했다. 그리스 신화에 나오는 날개 달린 승리의 여신 '나이키'를 브랜드로 제안한 이는 제프 존슨이라는 나이트의 친구였다. 오늘날 너무나도 유명한 나이키의 로고(보통 swoosh라고 일컫는)와 함께 1972년에 상표등록이 되었고, 1978년에는 회사 이름도 나이키로 바뀌었다. 타이거 운동화 수입상에서 자체 브랜드를 보유한 회사로 성장한 것이다.

1972년부터 1982년까지 나이키는 주로 스포츠 전문지에 인쇄광고를 실었다. 오늘날 볼 수 있는 나이키 광고와는 아주 다른, 제품의 성능과 장점을 알리는 평범한 광고였다.

Just Do It

1982년, 나이트는 포틀랜드의 신생 광고회사 위든앤케네디(W&K, Wieden&Kennedy)와 손을 잡고 제품 광고가 아닌 이른바 '브랜드 광고'를 적극적으로 내보내기 시작했다. 댄 위든이 만든 슬로건인 'Just Do It'은 이때부터 사용되었다. 나이키의 광고는 스포츠의 정신을 매력적으로 보여줌으로써 사람들을 감동시켰다.

샌프란시스코에 살고 있는 80세 된 노인은 매일 아침 달리기를 즐긴다. "난 아침마다 17마일을 뛰어. 추운 겨울에는 이빨이 딱딱 부딪칠 텐데 괜찮으냐고 사람들이 묻지. 내가 틀니를 빼서 로커에 두고 뛴다는 걸 모르는 모양이야."

또한 나이키는 모든 스포츠 분야의 스타들에게 집중적으로 스폰서십을 제공했다. 육상, 테니스, 축구, 농구 그리고 나중에는 골프에 이르기까지 우리가 알 만한 스타들은 대부분 나이키의 후원을 받았다. 특히 농구선수 마이클 조던은 나이키의 브랜드 이미지 향상에 결정적인 역할을 했다.

1990년대가 되면서 나이키는 본격적으로 유럽 진출을 모색했다. 나이키의 광고회사 위든앤케네디도 이를 위해 1993년 암스테르담에 지사를 설립했다. 그러나 유럽에는 엄청난 강적이 기다리고 있었다. 바로 아디다스였다. 1924년에 독일에서 출발한 아디다스는 당시 유럽 스포츠 시장을 절대적으로 지배하고 있었다. 특히 축구화 쪽은 더욱 막강했다.

나이키는 유럽에서 활약하는 대부분의 스타 축구선수를 후원하고 있었는데, 이 사실을 유럽의 소비자들에게 알림으로써 아디다스의 아성을 무너뜨리고자 했다. 그래서 튀니지에 남아 있는 2세기의 로마의 원형경기장으로 그들을 불러 모았다. 이렇게 해서 촬영된 광고는 1996년 처음 방영되었다.

로마 시대의 원형경기장에 나이키 로고가 새겨진 유니폼을 입은 세계적인 스타 축구선수들이 모두 모였다. 갑자기 사방이 어두워지면서 소름 끼치는 형상을 한 온갖 악마들이 경기장 안으로 달려든다. "그리고 바로 그날, 이 아름다운 게임을 파괴하기 위해 검은 악마 군단이 솟아올랐던 것입니다!"라는 아나운서의 급박한 목소리가 들린다.

악마들과 마주 보고 늘어선 스타들은 너무나도 폭력적이고 흉측한 그들의 기세에 눌려 겁에 질린다. 파올로 말디니가 동료들을 안심시키려는 듯, 아니면 스스로에게 힘을 주려는 듯 희망 섞인 목소리로 이렇게 말한다. "그렇게까지 잔인하지 않을지도 몰라."

경기장을 가득 메운 관중들의 함성과 트럼펫 소리 속에서 드디어 경기가 시작된다. 경기는 악마들이 벌이는 폭력의 잔치나 다름없다. 심판은 그들을 전혀 못 본 척한다. 스칸디나비아 국가들에서 이 광고가 너무 폭력적이라는 이유로 방영이 금지되었을 정도로 우리의 축구 스타들에 대한 그들의 반칙은 끔찍하고 잔인하다.

그러나 말디니가 멋진 태클로 악마들로부터 볼을 가로채 패트릭 클루위베르트에게 패스한다. 클루위베르트는 다시 호나우두에게 연결한다. 멋지고도 현란한 기술을 구사하며 스타들은 악마의 문전으로 달려간다.

마침내 영국의 맨체스터 유나이티드에서 활약하던 프랑스의 스타 에릭 캉토나와 악마 골키퍼가 마주 서는 일대일 상황이 벌어진다. 입가에 비웃음을 흘리며 악마 골키퍼가 팔을 옆으로 벌리자 박쥐 날개처럼 생긴 악마의 날개가 골문 앞을 완전히 가린다. 볼이 들어갈 틈이라곤 보이지 않는다.

악마 골키퍼를 지긋이 노려보던 캉토나가 셔츠 뒷깃을 세운다. "잘 가라!"는 말과 함께 캉토나가 찬 공이 불을 일으키며 날아가 악마 골키퍼의 가슴을 관통한다. 전혀 예상치 못한 결과에 악마의 표정이 우스꽝스럽게 변한다. 꽹음과 함께 골키퍼는 무너지고 악마들은 흔적도 없이 사라진다. 한바탕 스산한 바람 뒤에 다시 태양이 고요히 빛난다. 'Just Do It'이라는 글자의 등장과 함께 악몽은 끝난다.

어떻게 보면 유치한 이 CF가 그렇게 열렬한 호응을 얻은 이유는 무엇일까? 선과 악의 대결에서 결국은 선이 승리한다는 뻔한 구조가 여전히 감동을 주는 이유는 무엇일까? 그것은 스포츠의 위대함이다. 이 광고에 나타나는 에너지, 흥분, 드라마, 고결함, 비장함 등을 스포츠만큼 극명하게 보여주는 것이 또 어디 있겠는가.

나이키의 브랜드 위력이 어마어마해지자 이에 대한 범세계적인 반발도 활발하게 진행되고 있다. 특히 나이키가 아시아 개발도상국의 값싼 노동력을 착취하여 5달러 50센트를 들여 만든 운동화를 140달러에 팔고 있다는 비난은 꾸준히 있어왔다. 비록 나이키가 직접 소유하고 있지는 않지만, 생산 공장의 열악한 작업 환경이나 공해 문제도 많이 지적된다.

나이키에 대한 청소년들의 열광은 묘한 결과를 가져오고 있다. 나이키가 돈을 지불하고 스포츠 스타들이 나이키 로고가 박힌 유니폼을 입는 것이 아니라, 스포츠 스타들이 나이키 로고가 박힌 유니폼을 입기 위해서 나이키에 돈을 지불하고 있다고 오해하는 청소년들이 많다는 것이다. 그렇다면 마이클 조던이 나이키 이미지 상승을 도운 것이 아니라, 나이키가 마이클 조던의 브랜드 이미지를 높여준 셈이 된다. 타이거 우즈 역시 마찬가지다. 이제 누가 누구의 브랜드 가치를 높여주는지 모를 정도가 되었다.

온갖 비난과 맹목적인 추종 속에서 나이키는 세계 1위의 스포츠 브랜드가 되었다. 2008년 기준으로 나이키의 총수입은 186억 달러가 넘었으며, 3만 명 이상의 직원이 전 세계에 진출한 나이키에서 일한다. 2004년 CEO에서 물러나 이사회 의장으로 있는 필 나이트가 보유한 주식 가치는 100억 달러가 넘는다. 자동차 트렁크에 일본 운동화를 싣고 다니며 팔던 사내가 미국 31위의 부자가 된 것이다. 그에게 운동화 판매권을 주었던 오니츠카 사장의 아식스는 일 년 총수입은 나이키와 숫자가 비슷하다. 다만 화폐단위만(달러가 아니라 엔) 다를 뿐이다.

결국 운동화가 아니라 브랜드를 팔겠다는 필 나이트의 전략은 완벽한 성공을 거두었다. 그에게 있어 브랜드란 광고와 동의어다. 그가 당시 무명이었던 신생 광고회사 위든앤케네디를 파트너로 선택한 것도, 댄 위든과 처음 만났을 때 "나는 광고를 싫어합니다"라고 말한 것도 이런 의도를 충실히 살릴 광고를 기대했기 때문이었다. "60초 동안 떠들어봤자 얼마나 말하겠습니까. 그러나 마이클 조던이 나오면 말을 할 필요가 없지요. 그런 겁니다."

지금도 나이키는 운동화가 아닌 스포츠의 꿈을 판다. 그리고 그

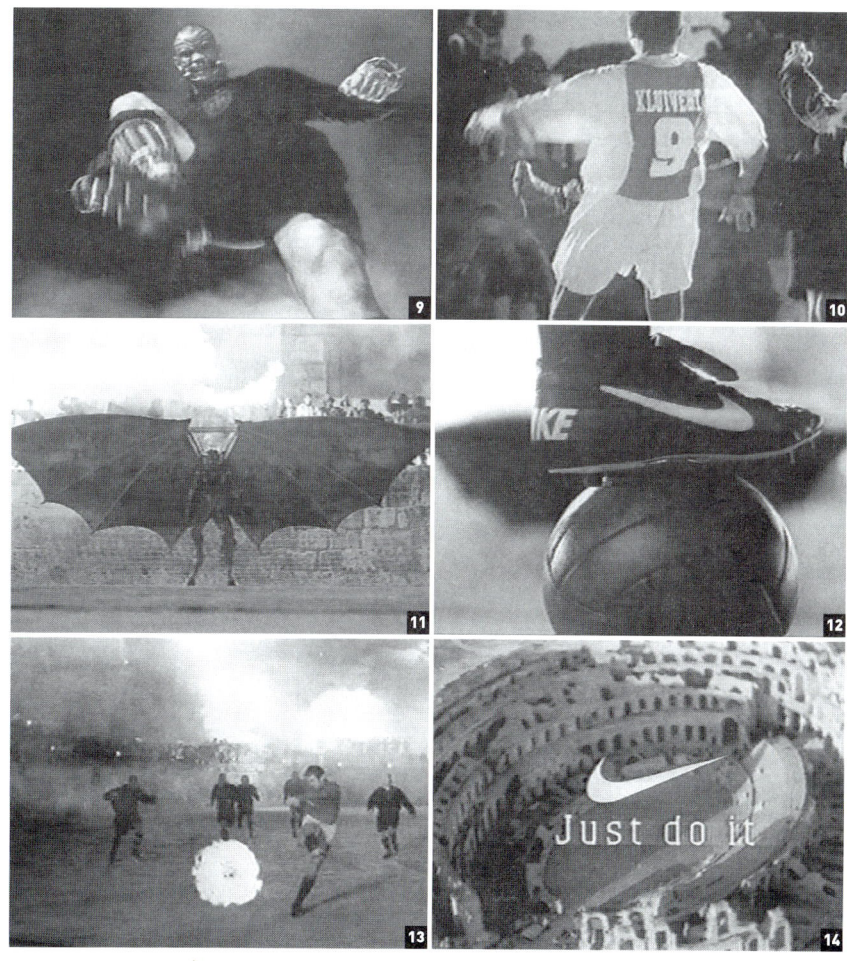

꿈은 광고라는 형태로 잘 포장된다. 마치 록앤롤 밴드의 콘서트 입장권을 사듯 사람들은 그 꿈을 산다. "스포츠는 록앤롤이라고 할 수 있지요. 둘 다 강력한 문화적 힘이고, 둘 다 세계적으로 같은 언어를 사용하며, 둘 다 감동에 호소하니까요."

필 나이트의 말이다.

"가장 이상적인 스포츠 스타는 수백만 명의 상상 속에 산다."

26 절대 강자, 대명사

사람들이 둘러서서 바둑 대국을 구경하고 있다. 흑 대마가 몰살당한 상태다. 전혀 어떻게 해볼 도리가 없다. 그런데도 흑을 쥔 사람은 계속 끙끙거리며 포기하지 않는다. 그러자 구경하던 한 사람이 이렇게 말한다. "그만 던져. 조남철이 와도 안 돼." 세월이 흐르면서 조남철은 조훈현, 이창호, 이세돌 등으로 바뀌었다. 또 낭비가 심한 아이를 보면 "너처럼 돈 쓰면 이병철도 거덜나겠다"고 야단치곤 했다. 물론 이병철도 요즘은 다른 이름으로 바뀌었겠지만 말이다.

위에서 언급한 조남철이나 이병철은 실제 그 사람을 지칭하는 고유명사라기보다는, '바둑 잘 두는 사람' '돈 많은 사람'을 일컫는 대명사라고 할 수 있다. '바둑' 하면 조남철, '돈' 하면 이병철이 자연스럽게 사람들의 머릿속에 떠올랐던 것이다. 반공 교육이 지나쳤던 시절에는 '김일성' 하면 온갖 나쁘고 부정적인 인간의 전형이었다.

어쨌든 한 인간이 한 분야의 대명사가 되었다면 분명 성공한 인생이다.

때로는 고유명사가 어떤 속성을 나타내는 대명사가 되기도 한다. "철수가 그렇게 화를 냈다면 그건 네 잘못이야." 여기서 철수라는 이름은 평소 '부처님 가운데 토막' 같은 심성을 대표하고 있었다고 봐야 한다. "너무 피곤해서 김혜수가 와도 싫을 정도였다니까!"

이런 사람들처럼 그 분야에서 대명사가 된 막강한 상품들이 있다. 13장에서 살펴보았지만, 이런 브랜드들은 소비자 인식의 사다리 맨 꼭대기에 군림한다. 너무나도 강력하고 친숙하게 인식되어서 심지어는 그것이 브랜드인지 모를 때도 있다.

스테이플러가 뭔지 모르는 사람은 많아도 호치키스를 모르는 사람은 없다. 우리나라에서 스테이플러의 대명사는 호치키스인 것이다. 외국에서 면봉(swab)을 사러 슈퍼에 간 적이 있었는데, 점원이 도무지 못 알아듣기에 큐팁(Q-tips) 어디 있냐고 물었더니 금방 안내해주었다. 물론 거기에는 큐팁뿐만 아니라 적어도 5개 이상의 면봉 브랜드들이 있었다.

과거에는 미풍을 사용하는 집에서도 "미원 너무 치지 마라"고 말하곤 했다. 미원이란 브랜드가 곧 조미료를 지칭하는 대명사였던 것이다. 분명 다른 브랜드의 일본 청주를 마셨는데도 꼭 "어제 정종 마셨어" 하지 않는가. 백화수복을 파는 술집도 '정종 대폿집'이라고 한다. 정종은 수많은 일본 청주 브랜드 중 하나일 뿐인데도 말이다.

복사기의 대명사는 제록스였으며 소주의 대명사는 진로였다. 그리고 현재 소주의 대명사는 참이슬이다. 셀로판테이프의 대명사는 여전히 스카치테이프, 4륜 구동 SUV의 대명사는 지프다. 미국의 국내선 비행기를 타면 스튜어디스가 펩시콜라를 주면서 코크라고 말한다.

나는 현대 그룹 계열 광고회사에 근무한 적이 있다. 그때는 현대자동차가 기아를 인수하기 전이었다. 직원들은 회사에서 업무용으로 사용하던 그레이스를 입버릇처럼 봉고라고 불렀다. 그때마다 현대 출신 부사장은 화들짝 놀라며 "봉고가 아니라 그레이스야, 그레이스!"라며 죄를 지은 사람처럼 주위를 살피곤 했다. 하루는 그 사람과 함께 차를 기다리는데, 이렇게 말하는 것이 아닌가. "아니, 왜 봉고가 안 오는 거야!"

이런 브랜드들의 위력은 대단하다. 그레이스를 잘 모르는 사람에게 어떻게 그 차를 설명하는 것이 가장 쉽고 빠를까? "그레이스? 현대에서 만드는 봉고야."

브랜드 파워는 하루아침에 만들어지지 않는다

오늘날 전 세계적으로 매년 7000만 대 이상의 자동차가 팔린다. 수많은 브랜드들이 저마다의 장점을 외치며 필사의 경쟁을 벌이고 있다. 수많은 차들 중 '튼튼하고 안전한 자동차'의 대명사는 무엇일까? 그렇다. 자동차에 별로 지식이나 관심이 없는 사람이더라도 주저하지 않고 볼보(Volvo)를 꼽을 것이다.

1924년, 스웨덴의 한 베어링 회사에 근무하던 두 사람이 의기투합하여 자동차를 만들기로 했다. 스웨덴의 혹독한 추위와 험난한 길을 견딜 수 있는 튼튼하고 안전한 자동차를 만드는 것이 그들의 꿈이었다. 마침내 그들의 꿈은 결실을 맺는다. 1927년에 첫 번째 볼보 자동차가 세상에 등장한 것이다. 그 후 비록 회사의 주인은 몇 번 바뀌었으나 볼보의 '튼튼하고 안전한 자동차'라는 브랜드 정신은 굳건하게 살아 있다.

광고인들이 가장 만들어보고 싶어 하는 광고가 바로 이런 브랜드들인 것이다. 새삼스럽게 설득하거나 구구절절 설명할 필요가 없기 때문이다. 바둑 대국이 엄청나게 유리하게 진행될 때 흔히 "아무 데나 던져도 이긴다"라는 표현을 사용하는데, 이런 브랜드들이야말로 어떻게 광고해도 성공한다.

사람들로 붐비는 도시의 뒷골목을 불량스러워 보이는 청년이 건들거리며 걷고 있다. 귀에 커다란 헤드폰을 끼고 음악을 들으며 걷는 이 남자는 도무지 남의 시선을 의식하지 않는다. 그는 과일가게 앞을 지나며 진열된 과일을 너무도 태연하게 집어먹는다. 길을 건너려고 서 있던 할머니의 등을 쳐 차도로 밀어냈지만 그는 이 사실을 알아차리지도 못한다. 청년이 갑자기 길을 건너는 바람에 오토바이를 타고 오던 사람이 옆으로 고꾸라졌는데도 이 역시 신경 쓰지 않는다.

청년이 가는 길 앞쪽 한 건물에서는 외벽 보수공사가 한창이다. 위에서 작업 중인 사람의 발에 밀려 쌓여 있던 벽돌 중 하나가 아래로 떨어진다. 한 걸음만 그대로 내디디면 떨어지는 벽돌과 청년의 머리가 한 치 오차도 없이 충돌할 순간, 그때까지 아무것도 신경 쓰지 않던 청년이 갑자기 걸음을 멈춘다. 그리고 시선을 옆으로 돌려 저쪽에 주차된 볼보 한 대를 부러운 듯 바라본다. 동시에 벽돌은 청년의 발 앞에 떨어져 박살이 난다. 물론 청년은 그 사실조차 모른다.

"생명을 구하는 차, 볼보"

다른 자동차들은 이런 광고를 할 수 없다. 소비자들은 이미 이 광고와 상관없이 '볼보'하면 '안전한 차'를 떠올린다. 볼보의 이 광고는 재치 있는 유머로 받아들여져 광고상도 받았지만, 다른 자동차가 이런 광고를 하면 유치하고 어색한 해프닝이 되고 만다.

볼보와 같은 브랜드를 가지고 있다면 회사로서는 엄청난 자산이다. 시장의 구성원들이 한 브랜드에 대해 가지는 어떤 느낌이나 생각 등의 총체를 브랜드 자산(brand equity)이라고 한다. 이 말은 미국의 데이비드 아커 교수가 처음으로 쓰기 시작했다. 그는 브랜드가 기능, 감성, 자기표현, 사회적 속성을 소통시키는 매개체라고 강조한다.

브랜드 자산은 글자 그대로 회사의 실재적인 자산이다. 세계에서 가장 비싼 브랜드라고 인정받는 코카콜라의 브랜드 가치는 7000만 달러가 훨씬 넘는다고 평가된다. 그러니 기업의 입장에서 하나의 브랜드를 성공시키는 것 이상의 매력적인 투자가 또 어디 있겠는가.

물론 이런 브랜드는 하루아침에 만들어지지 않는다. 사람도 한 분야에서 피눈물 나는 노력을 하지 않고는 일가(一家)를 이룰 수 없다. 브랜드도 마찬가지다. 엄청난 비용과 노력, 오랜 시간 그리고 무엇보다도 한눈팔지 않는 일관되고 고집스런 전략이 있었기에 볼보 같은 브랜드가 존재하는 것이다. 우리나라의 국력에 비해 브랜드 파워가 형편없다고들 하는데, 결국 '코리아' 하면 떠오르는 것이 뚜렷

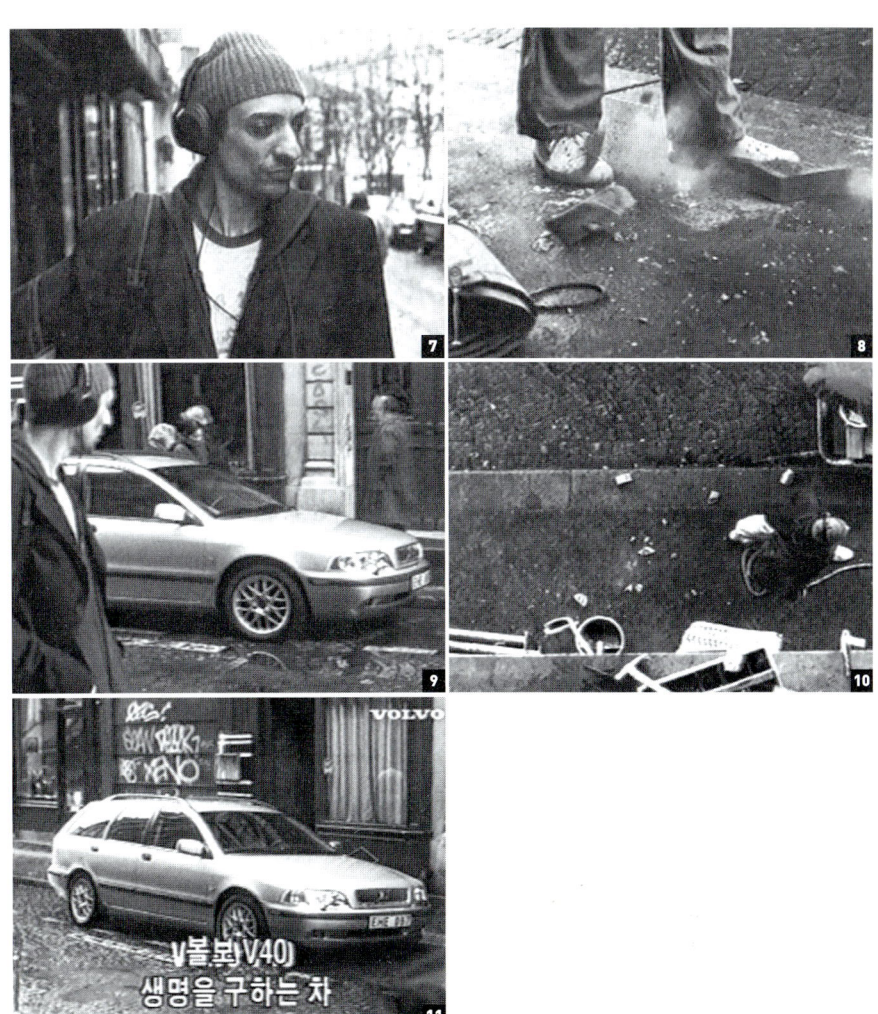

"생명을 구하는 차"
볼보

하게 없다는 말이다. 정권이 바뀔 때마다 정책이 바뀐다면 언제까지나 그럴 것이다.

1927년 이래 볼보의 모든 역량은 '튼튼하고 안전한 자동차' 하나에 집중되었다. 세계적인 불황이 닥쳐 다른 차들이 모두 연비 경쟁을 할 때도 볼보는 오로지 '튼튼하고 안전한 자동차'를 고수했다.

내비게이션을 장착하는 것이 대세였는데도 볼보는 그것이 운전자의 안전에 영향을 줄 수 있다고 오랫동안 거부했다. 오랜 시간이 지나서야 수많은 실험을 거쳐 가장 안전한 곳에 내비게이션을 장착했는데, 그런 사실을 두고 사람들은 볼보의 기술력을 의심했을까 아니면 안전에 대한 고집스런 집착에 감탄했을까?

볼보처럼 한 분야의 대명사가 된 브랜드는 공자의 일생을 떠올리게 한다. 공자는 15세 때 학문에 뜻을 두었고(志學, 지학), 30세 때 자립했다(而立, 이립). 40세 때 망설임이 없었으며(不惑, 불혹), 50세 때 자신의 사명을 깨달았다(知天命, 지천명). 60세 때 모든 것을 이해하게 되었고(耳順, 이순), 마침내 70세가 되자 하고 싶은 대로 해도 법도에서 벗어나지 않았다(從心, 종심). 공자처럼 근면하고 공부하기 좋아하는 사람도 학문을 시작한 지 55년이 지나서야 결실을 본 것이다.

하고 싶은 대로 해도 성공하는 종심의 경지에 든 브랜드들의 광고를 절대 흉내 내서는 안 된다. 그런 광고를 하고 싶다면 우선 모두가 납득하는 어떤 대명사로 브랜드를 키워야 한다.

볼보도 처음부터 이런 광고를 하지 않았음을 명심할 필요가 있다. 공자처럼 70세가 된 이후에야 볼보는 '대명사 광고'를 했다. 그전까지는 그저 높은 데서 차를 떨어뜨리고 무거운 물체를 차 위로 낙하시키는 등 실증적인 '촌스러운' 광고를 열심히 했을 뿐이다.

기본도 안 갖추고 무조건 튀려고만 애쓰는 광고는 전부 자기 하고 싶은 대로 하겠다는 15세 소년이다.

마른 수건 쥐어짜기

광고란 결국 아이디어를 파는 산업이다. 그래서 광고회사에서는 아이디어가 많은 사람, 즉 크리에이티브한 사람이 대접받는다. 크리에이티브하기만 하면 학력이나 복장, 용모나 성별은 문제되지 않는다. 게으름도 용서받는다. 오히려 제시간에 딱딱 맞추어 출근하면 별로 크리에이티브하게 보이지 않는다. 정말로 크리에이티브한 사람에게 광고계는 천국이다.

나는 오랫동안 광고계에서 일하면서 많은 사람을 만났다. 전혀 크리에이티브하지 않지만 스스로 크리에이티브하다고 착각하는 이들도 많았고, 반대로 굉장히 크리에이티브한 능력을 갖고 있음에도 불구하고 스스로는 아니라고 생각하는 이들도 없지 않았다. 가끔은 정신병 환자도 있었다.

외국에서 열리는 광고제에 가서 상받은 외국의 절묘한 광고들을 보면서 우리 한민족이 광고 업종과 맞지 않는 것이 아닌가 하는 열등의식에 사로잡히기도 했다. 그럴 때면 '광고주 수준이 높아져야 저런 광고도 만들지' 하고 잘못을 광고주에게 돌리기도 했다. 하지만 기분은 여전히 찜찜했다.

정직하게 말해, 우리나라 광고는 아직도 크리에이티브하지 않다.

나는 그 원인이 '치열함'의 부족에 있다고 본다. 처음 단계에서만 보면, 발상의 수준은 우리도 절대 뒤떨어지지 않는다. 그러나 그 아이디어의 씨를 가지고 끝까지 밀어붙이고, 발전시키는 능력 면에서 본다면 우리의 체력은 정말로 허약하다. 회의 중에 누군가가 모두를 감탄시키는 아이디어를 내놓으면, "와, 죽이네! 그걸로 합시다" 하고 끝나는 것이다.

다음과 같은 세 가지 상황을 머릿속에 그려보자.

상황 1: 늦은 밤, 도심에서 떨어진 한적한 도로를 빨간 승용차 한 대가 급히 달린다. 운전대를 잡은 사람은 남편인데 어쩐지 비장한 표정이고, 옆에는 아내가 애처롭게 앉아 있다. 남편은 흥분 상태인 듯 마주 오던 트럭을 미처 보지 못하다가 간신히 피한다. 무엇인가 큰일이 벌어질 것만 같은 분위기다. 이윽고 차는 도시 전체가 내려다보이는 절벽 위에 정차한다. 부부는 그대로 차 안에 앉아 있고 잠시 침묵이 흐른다. 이윽고 남편이 왼손에 끼고 있던 결혼반지를 뺀다. 그리고 심각한 어조로 이렇게 말한다.

"나는 알고 있어. 당신은 딜런과 바람을 피웠어. 난 이제 당신을 안 사랑해."

아내는 마스카라와 뒤범벅이 된 시커먼 눈물을 불쌍하게 흘린다.

상황 2: 상황 1이 정확히 그대로 재연된다. 즉, 같은 필름을 다시 돌려 본다고 생각하면 된다. 필름은 군데군데 잘려 나간다. 한마디로 편집을 하는 것이다. 그래서 동작이 어색해 보이기도 한다. 결혼반지를 뺀 남편은 이렇게 말한다(라기보다는 말한 결과가 된다).

"나는 바람을 피웠어. 난 당신을 안 사랑해."

그러니까 "나는 (알고 있어. 당신은 딜런과) 바람을 피웠어. 난 (이제) 당신을 안 사랑해."의 ( ) 부분이 걸러진 것이다.

아내는 마스카라와 뒤범벅이 된 눈물을 흘린다.

상황 3: 상황 2가 정확히 그대로 재연된다. 마찬가지로 상황 2의 여기 저기가 잘려 나갔다. 남편의 말도 몇 군데 잘려 나가서 다음의 장면만 남는다.

"난 당신을 사랑해."

"(나는 바람을 피웠어.) 난 당신을 (안) 사랑해."의 ( ) 부분이 걸러졌다.

아내는 눈물을 흘린다.

'도대체 무슨 광고야?' 여기까지 광고를 본 사람들은 이렇게 생각할 것이다. 곧 이어 화면에는 '3번 깨끗하게 증류한 스미르노프(Smirnoff) 레드'라는 슬로건과 함께 부부가 탄 승용차와 같은 색깔인 빨간 라벨이 붙은 술병이 등장한다. 비로소 사람들은 웃기 시작한다. 3번이나 증류한 순수한 보드카라는 점을 유머러스하게 전하는

228

이 광고는 어떤 비관적인 상황도 잘만 거르면, 혹은 스미르노프 레드 한 잔만 마시면 좋아질 것이라는 특유의 낙관론까지 전달한다.

여러 기업에서 '마른 수건도 다시 짜자' 운동이 활발하다. 불황이 아닐 때라도 광고는 항상 마른 수건을 다시 짜야 한다. 불순물이 많이 섞인 술일수록 숙취를 유발하고, 거르는 과정을 여러 번 거칠수록 순수한 보드카가 얻어진다.

거르지 않은 생경한 아이디어가 그대로 포장될 때 소비자들이 숙취를 느끼지 않는다고 자신할 수 있는가?

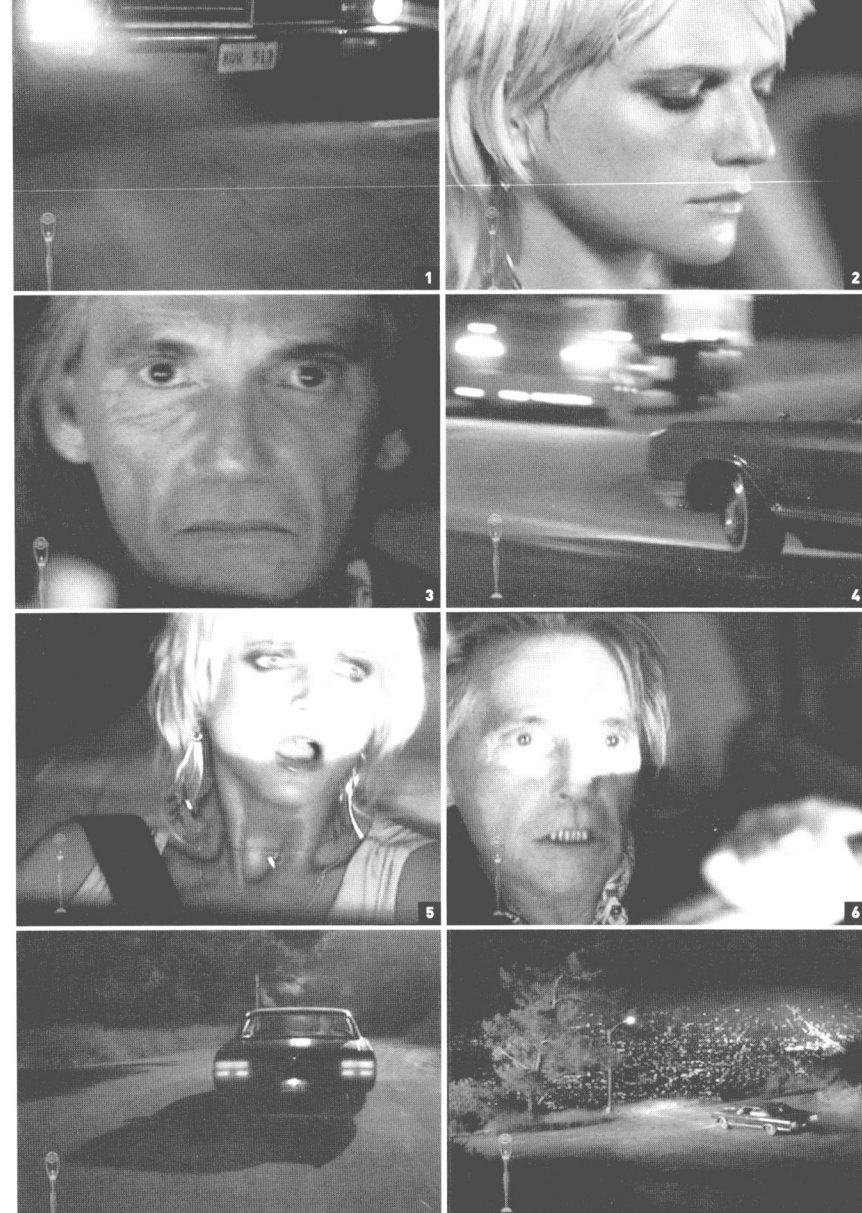

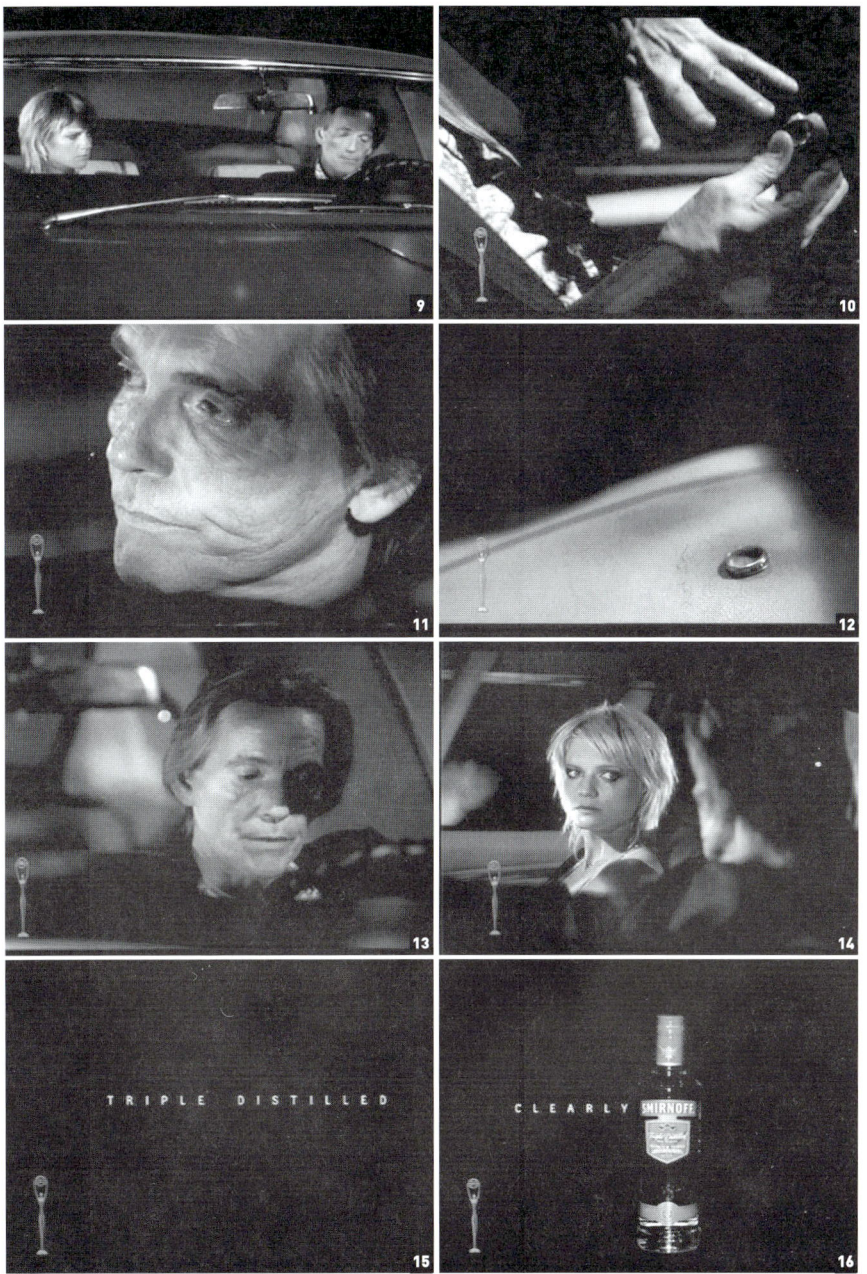

스미르노프 레드

KI신서 2966

광고 읽는 CEO

1판 1쇄 발행 2010년 11월 30일
1판 2쇄 발행 2010년 12월 20일

지은이 김동완 **펴낸이** 김영곤 **펴낸곳** (주)북이십일 21세기북스
출판콘텐츠사업부문장 정성진 **출판개발본부장** 김성수 **인문실용팀장** 강선영
기획편집 박혜란 **디자인** 씨디자인 **교정교열** 네오북
영업마케팅본부장 최창규 **영업** 김용환 이경희 우세웅 **마케팅** 김보미 허정민 김현유
해외기획 김준수 조민정
출판등록 2000년 5월 6일 제10-1965호
주소 (우413-756) 경기도 파주시 교하읍 문발리 파주출판단지 518-3
대표전화 031-955-2100 **팩스** 031-955-2122 **이메일** book21@book21.co.kr
홈페이지 www.book21.com

ISBN 978-89-509-2720-2   03320